Loyauté et deloyauté

Ceux qui vous accusent

DAG HEWARD-MILLS

Parchment House

Sauf indication contraire, toutes les citations sont tirées
de la Bible King James Française

Extraits de :
John Wesley - Into All the World by John Telford. Utilisé avec permission de Ambassador Publications.
John Wesley par Basil Miller. Utilisé avec permission de Bethany House Publishers.
La femme dirigée par l'Esprit par Beverly LaHaye. Copyright © 1995 Harvest House Publishers, Eugene OR. Utilisé avec permission. www.harvesthousepublishers.com
DSM-IV-TR Casebook par Spitzer, Gibbon, Skodol and Williams, eds. Reprinted with permission from the Diagnostic and Statistical Manual of Mental Disorders, Fourth Edition, Text Revision, (Copyright 2000). American Psychiatric Association
Stephen Mansfield, *Biography of Derek Prince* (Lake Mary, FL: Charisma House, 2005. Utilisé avec permission.

Titre original : *Aspersions*
Publié pour la première fois en 2008 par Lux Verbi.BM (Pty) Ltd
Traduit par : Professional Translations, Inc.
Version française publiée pour la première fois en 2010 par:
Lux Verbi.BM (Pty) Ltd, P O Box 5, Wellington 7654, Afrique du Sud
ISBN : 978-9988-8452-6-1

Deuxième édition
Quatrième impression en 2015 par Parchment House

Pour savoir plus sur Dag Heward-Mills
Campagne Jésus qui guérit
Écrivez à : evangelist@daghewardmills.org
Site web : www.daghewardmills.org
Facebook : Dag Heward-Mills
Twitter : @EvangelistDag

Dédicace à :
Emmanuel et Elaine Klufio
Merci pour votre excellent travail en Afrique du Sud.
Vous avez établit une superbe congrégation en Afrique du Sud

ISBN : 978-9988-8502-5-8

Table des matières

Chapitre 1

Les accusateurs

Et j'entendis une voix forte dans le ciel, disant : Maintenant est venu le salut et l' autorité et le royaume de notre Dieu, et le pouvoir de son Christ ; car L'ACCUSATEUR de nos frères est précipité, celui qui les ACCUSAIT devant notre Dieu jour et nuit.

Apocalypse 12 : 10

Bien que l'on connaisse habituellement le diable comme l'accusateur des frères, il est en fait l'accusateur au milieu des frères.

Dans votre expérience de pasteur, vous rencontrerez différents genres de personnes. L'un des ennemis les plus redoutables peut-être que vous rencontrerez est « l'accusateur au milieu des frères ».

Les problèmes surgissent à différents niveaux, mais l'un des plus graves problèmes est la rencontre d'un accusateur au milieu des frères.

Au zénith de votre ministère, vous lutterez avec l'accusateur. L'accusation est la plus haute stratégie de Satan pour lutter avec un ennemi invincible.

La meilleure arme de Satan

Satan opère de différentes façons. Il peut venir à vous sous la forme d'un tentateur, d'un menteur, d'un meurtrier ou d'un fourbe. Cependant, s'il vous défie en accusateur, la lutte passe au degré le plus haut possible.

Ce principe est adopté dans la vie de Jésus Christ. Au début, le diable vient à lui sous la forme d'un tentateur. Jésus Christ est tenté au désert pendant quarante jours. Satan lui ment au désert et essaie désespérément de le tromper.

Tout au long de son ministère, le Seigneur est attaqué par le diable sous la forme d'un meurtrier. « Il a été meurtrier depuis le commencement » (Jean 8 : 44). À plusieurs occasions, Satan essaie de tuer Jésus par le biais de la foule, mais Il s'échappe à chaque fois.

> **Et ils se levèrent, et Le chassèrent de la ville, et Le menèrent jusqu'au sommet escarpé de la montagne sur laquelle leur ville était bâtie, afin de Le précipiter en bas la tête la première.**
>
> **Mais Lui passant au milieu d'eux, poursuivit son chemin.**
>
> **Luc 4 : 29-30**

À une autre occasion, le diable essaie de noyer Jésus dans le Lac de Tibériade, mais il n'y parvient pas parce que Jésus menace la tempête. Ce n'est pas Dieu qui a causé la tempête ; sinon Jésus menacerait la sagesse de Dieu en menaçant la tempête.

> **Et comme ils faisaient voile, il s'endormit ; et un vent tempétueux s'éleva sur le lac, tellement qu'ils étaient submergés par l'eau, et ils étaient en péril.**
>
> **Et ils vinrent vers lui, et le réveillèrent, disant : Maître, maître, nous périssons. Alors il se leva, reprit le vent et l'eau déchaînée, et ils s'apaisèrent, et le calme revint.**
>
> **Luc 8 : 23-24**

Il vient déguisé en accusateur

Cependant, un terme est mis au ministère de Jésus quand Satan est déguisé en accusateur. Jésus supporte une semaine d'intenses accusations qui mettent fin à Son ministère. Cette semaine d'intenses accusations commence le Dimanche des Rameaux et va jusqu'à Sa crucifixion. Dans Matthieu 21 : 1-17, vous pouvez voir comment Il entre triomphalement dans Jérusalem et comment Il purifie le temple. Notez que les questions et les accusations commencent le lendemain de Son arrivée à Jérusalem (Matthieu 21 : 23).

Cette fois, Satan sort son arme la plus meurtrière et se déchaîne contre le Seigneur. L'arme d'accusation est enfin déployée. Durant toute une semaine avant la Pâque, le Seigneur est interrogé et examiné (accusé) par les Pharisiens.

> **Alors les Pharisiens allèrent et se consultèrent pour savoir comment ils pourraient L'EMBROUILLER dans ses discours.**
>
> **Et ils envoyèrent auprès de lui leurs disciples avec les hérodiens, disant : Maître, nous savons que tu es vrai, et que tu enseignes le chemin de Dieu en vérité, sans avoir égard à qui que ce soit ; car tu ne regardes pas à l'apparence des hommes.**
>
> **Dis-nous donc, que penses-tu ? Est-il permis de payer le tribut à César, ou non ?**
>
> **Mais Jésus discernant leur MÉCHANCETÉ, dit : Pourquoi me TENTEZ-vous hypocrites ?**
>
> **Matthieu 22 : 15-18**

Le Seigneur est interrogé sur tous les aspects de Sa vie et de Son ministère. Pendant plusieurs jours, le Seigneur supporte la méchanceté et l'hypocrisie de ceux qui L'interrogent dans le temple. Au cours des vingt-quatre dernières heures de Sa vie, Il est aussi accusé dans le palais du grand-prêtre, à la cour de Pilate et dans le palais d'Hérode.

Jésus fait face à cette série de graves accusations de différentes manières. Au temple, Il répond aux questions de façon succincte et Il ridiculise ses accusateurs.

> **Lorsqu'ils entendirent ces paroles, ils furent étonnés ; et le laissèrent et s'en allèrent.**
>
> **Matthieu 22 : 22**

Ils n'avaient jamais rien entendu de pareil.

> **Les officiers répondirent : Jamais homme n'a parlé comme cet homme.**
>
> **Jean 7 : 46**

Cependant, à la cour de Pilate et en présence d'autres dirigeants païens, Il ne répond rien aux questions qui Lui sont lancées.

> **Et il ne lui répondit pas un mot ; de sorte que le gouverneur s'en étonnait grandement.**
>
> **Matthieu 27 : 14**

Comme vous le voyez, Satan attaque sous différentes apparences. Dans cette partie du livre, nous traiterons des accusateurs que le diable utilise pour nous intimider. Vous souffrez peut-être d'un fléau d'accusations dans votre ministère. Souvent, vous ne comprenez pas ce qui vous arrive. Avec la lecture de ce livre, Dieu vous donnera la sagesse nécessaire pour lutter contre l'ennemi.

Qu'est-ce qu'une accusation ?

Une accusation est une allégation ou inculpation faite contre quelqu'un. Elle tient une personne responsable et la montre du doigt. Quand vous accusez, vous dites que vous pensez que quelqu'un est coupable d'avoir fait quelque chose de mal, spécialement d'avoir commis un crime.

Ces déclarations dirigées contre une personne nourrissent sans cesse une culpabilité blessante et débilitante. Seuls ceux au caractère fort peuvent vivre longtemps en présence d'accusations persistantes.

Même si les accusations sortent de bouches humaines, elles sont ointes par l'accusateur des frères lui-même. Satan est l'accusateur au milieu des frères.

Qui sont ceux qui servent habituellement d'accusateurs ?

Dans mon pays, certaines personnes servent souvent de gardiens. D'autres travaillent habituellement comme bouchers ou vendeurs de brochettes. De même, Satan se sert souvent de certaines personnes comme d'accusateurs. Ces personnes font partie de la catégorie que j'appellerais « les bons amis » de l'accusé.

> **Même, mon bon ami, en qui j'avais confiance, qui mangeait mon pain, a levé le talon contre moi.**
>
> **Psaume 41 : 9**

Les bons amis sont ceux que vous connaissez bien : amis, maris, épouses, fils, filles, bien-aimés, pasteurs associés, membres de l'église, journalistes, camarades de classe, etc. Pour que les accusations aient un impact, elles doivent vous parvenir à travers quelqu'un de proche.

Pourquoi ne pas tout simplement repousser les accusations ?

Les accusations ne sont-elles pas des déclarations qui sont vraies ou fausses ? Si elles ne sont pas vraies, pourquoi ne pas tout simplement les ignorer ? Mais ce n'est jamais aussi simple.

Les accusations portent la marque de l'Enfer. Ce sont des choses spirituelles. Ce sont des flèches minuscules trempées dans du poison satanique. Dès que le poison vous entre dans le sang, il se propage dans tout votre être et attaque votre cœur. Comme des poisons naturels qui se propagent très vite, vous êtes très touchés par une flèche apparemment toute petite.

J'ai vu de puissants géants de Dieu complètement décontenancés par des accusations sans fondement et insignifiantes aux yeux des spectateurs. Telle est la puissance de l'accusation. C'est une arme intrigante et ses effets sont mystérieux. Les accusations sont véritablement des armes spirituelles.

Le doigt accusateur

> **Alors TA LUMIÈRE POINDRA COMME L'AURORE, et ton rétablissement s'opérera très vite. Ta justice marchera devant toi et la gloire du SEIGNEUR sera ton arrière-garde. Alors tu**

appelleras et le SEIGNEUR répondra, tu héleras, et il dira : Me voici ! SI TU ÉLIMINES de chez toi le joug, LE DOIGT ACCUSATEUR, la parole malfaisante,

Ésaïe 58 : 8-9 (TOB)

On appelle aussi les accusations « le doigt accusateur ». L*e mal que dégage le doigt accusateur est tel que la lumière de votre vie et de votre ministère s'assombrira.* Votre lumière poindra comme l'aurore et vous vous rétablirez si vous éliminez le doigt accusateur !

Les ministères ne peuvent prospérer une fois qu'on a permis à une personne au doigt accusateur de s'épanouir autour d'eux. Une grande partie de l'obscurité du corps de Christ résulte des accusations incessantes faites de frère contre frère, de sœur contre sœur, de mari contre épouse, etc.

Vous devez connaître les personnes de votre entourage qui ont l'habitude de vous accuser. Chaque bon pasteur doit comprendre les principes de l'accusation. Vous pouvez être blessé et affaibli dans votre ministère à travers toutes sortes d'accusations ! Votre ministère peut en fait être mal désorienté par des accusations. J'ai fait moi-même cette expérience. C'est peut-être la partie la plus importante du livre et je prie pour que vous l'étudiiez sérieusement.

Le livre de l'Apocalypse montre comment Dieu en finit avec l'accusateur des frères de façon décisive. Il révèle quatre bienfaits incroyables qui surviennent quand on fait taire les accusations. Dans ces quatre bienfaits, nous voyons tout ce que nous désirons de Dieu – force, salut, puissance et le royaume de Dieu. Oh, quelle puissance et quelle force jailliront dans votre vie quand le doigt accusateur en sera absent !

La plupart des gens ordinaires ne pensent pas qu'ils sont assez compétents pour servir Dieu. La plupart de ceux que j'ai formés au ministère étaient découragés et accusés par le diable. Mais je les encourageais simplement sans cesse à servir Dieu et à devenir prêtres malgré leurs défauts.

Cet encouragement était totalement contraire à la voix de l'accusateur dans leurs vies. Cette voix leur disait qu'ils n'étaient pas assez bons ! Mais mon constant encouragement à servir Dieu et à Lui faire confiance faisait taire la voix de l'accusateur. Soudain, des gens faibles et incapables recevaient le salut, la puissance et la force de faire l'œuvre de Dieu.

Les bienfaits qui surviennent quand on en finit avec l'accusateur

> **Et j'entendis une voix forte dans le ciel, disant : Maintenant est venu LE SALUT et L'AUTORITÉ et LE ROYAUME DE NOTRE DIEU, et LE POUVOIR DE SON CHRIST; car l'accusateur de nos frères est précipité, celui qui les ACCUSAIT devant notre Dieu jour et nuit.**
>
> **Apocalypse 12 : 10**

L'Écriture montre clairement quatre bienfaits qui surviennent quand on en finit avec les accusateurs :

1. Le salut est le premier bienfait qui survient quand vous faites taire les accusateurs qui sont au milieu de vous.
2. La force est le second bienfait qui apparaît quand vous éliminez les accusateurs de votre compagnie.
3. Le royaume de Dieu apparaitra quand l'accusateur des frères sera précipité.
4. Enfin, la puissance de Christ se dégage quand on en finit avec l'accusateur.

Tous ces avantages sont clairement soulignés dans l'Écriture comme étant ce qui arrive quand on fait taire l'accusateur.

Si vous permettez à un pasteur assistant de vous montrer du doigt, vous serez affaibli et la puissance de Dieu dans votre vie sera réduite. Le salut et la venue du royaume de Dieu dépendent de la façon dont vous traitez l'accusateur.

Chapitre 2

Les lois cachées

La plupart des personnes ne comprennent pas ce qui leur arrive quand elles sont accusées. Et parce qu'elles ne comprennent pas ce qui leur arrive, elles sont aux mains de l'accusateur. Dans ce chapitre, je voudrais vous partager certaines lois cachées qui gouvernent le « comment » et le « pourquoi » de l'accusation. Le fait de comprendre ces lois vous aidera à lutter contre votre ennemi et à avoir le dessus.

Loi Numéro 1

Vos relations seront contaminées par les accusations

Les accusations, c'est comme les excréments ou l'urine de Satan répandus sur vos relations. Les accusations, c'est comme le vomis de Satan sur de précieuses relations.

Ces accusations ont en quelque sorte pour effet de tout salir. Les relations pures sont empoisonnées même par la moindre accusation ! Rien n'est plus pareil une fois que vous avez été accusé.

Un frère accusé d'avoir un intérêt spécial pour une sœur n'a plus jamais une relation normale avec cette personne. Cette relation est en quelque sorte contaminée. Il peut en fait avoir un intérêt pour une autre personne ; néanmoins, la tension se développe dans la direction particulière de l'accusation et tout ce qui était pur semble et paraît mauvais même s'il ne l'est pas ! Telle est la puissance polluante et contaminatrice de l'accusation.

Un pasteur a décrit comment sa relation pure et sans tache avec les membres de son église a été gâchée quand sa femme l'accusa à propos de certaines femmes. Il explique : « Ma femme prétend que certaines personnes m'intéressent. Depuis, chaque fois que je parle à ces personnes qui sont censées m'intéresser, je me sens pécheur. J'ai l'impression de faire quelque chose de mal ».

« Rien n'est plus pareil », dit-il. « Tout est changé et je ne peux plus travailler de façon efficace avec beaucoup de personnes ».

« Ma relation avec ma femme a aussi changé. Je me rends compte que je lui cache des choses, ce que je ne faisais jamais avant. Je dois éviter qu'elle voie et connaisse certaines choses, de sorte qu'elle n'ait pas de munitions pour m'attaquer et m'accuser ».

« Je n'aurais jamais pensé que mon mariage puisse dégénérer à ce point », se lamente-t-il.

Beaucoup de pasteurs empoisonnent leurs relations avec leurs associés en les accusant de maux dont ils n'ont pas souffert. De là leurs relations sont endommagées et contaminées par la ternissure de l'accusation. Ne soyez pas surpris si un jour ces gens font exactement ce dont ils sont accusés.

Je me souviens d'un étudiant à l'université qui travaillait dans notre ministère audio, avec les cassettes. C'était un frère honnête, un travailleur et il se sacrifiait beaucoup pour le ministère. Un jour, on a posé des questions sur les finances du service des cassettes. Dans les discussions qui ont suivies, ce frère se sentit accusé d'avoir volé. Il était choqué, parce qu'il s'était beaucoup sacrifié pour cette forme de ministère.

Dès lors, notre relation fut entachée et elle se détériora jusqu'à ce qu'il finisse par quitter l'église. Je fus très triste du départ de ce frère. Depuis, à chaque fois que l'on fait l'inventaire ou que l'on vérifie les comptes dans le service des cassettes, je les préviens de faire très attention à ce qu'ils disent de peur qu'ils ne paraissent avoir un ton accusateur. Les accusations empoisonnent les belles relations et les changent pour toujours.

Dans sa vision, Rick Joyner décrit les accusations et les condamnations des démons exactement de la même façon.

Une terrible vision des accusateurs

Au-dessus des prisonniers, le ciel était noir de vautours. Leur nom était Dépression.

De temps en temps, ceux-ci venaient se percher sur les épaules d'un prisonnier et lui vomissaient dessus. LE VOMIS ÉTAIT LA CONDAMNATION. Quand le vomis atteignait le prisonnier, il se levait et marchait la tête droite pour un temps, puis marchait à nouveau la tête basse, même plus faible qu'avant. Je me demandais pourquoi les prisonniers ne tuaient pas tout simplement les vautours avec leurs épées, ce qu'ils auraient pu faire très facilement.

Alors que je regardais, je me rendis compte que CES PRISONNIERS PENSAIENT QUE LE VOMIS DE LA CONDAMNATION ÉTAIT LA VÉRITÉ VENANT DE DIEU. Je compris alors que ces prisonniers pensaient en fait qu'ils faisaient partie de l'armée de Dieu ! C'est pour cela qu'ils ne tuaient pas les petits démons de la peur ou les vautours : ils pensaient que c'étaient des messagers de Dieu ! À cause de l'obscurité créée par la nuée de vautours, les prisonniers avaient beaucoup de mal à voir qu'ILS AVAIENT NAÏVEMENT ACCEPTÉ TOUT CE QUI LEUR ARRIVAIT COMME VENANT DU SEIGNEUR.

Ils pensaient que ceux qui trébuchaient étaient sous le jugement de Dieu, et c'est pour cela qu'ils les attaquaient de cette façon : ils pensaient aider Dieu.

Ce livre essaie de tuer les vautours qui vomissent des ordures sur les serviteurs de Dieu. Il essaie de montrer et de rejeter la duperie que les ordures venant des vautours représentent la vérité venant de Dieu.

Ce livre essaie de rejeter la notion que beaucoup d'accusations que nous entendons sont en fait vraies.

C'est une confrontation ouverte contre les épouses qui accusent leurs maris et détruisent leurs ministères dans les places secrètes !

C'est un rejet des mensonges qui sont colportés par des pasteurs rebelles contre les consacrés!

C'est une forte position contre la condamnation, contre les nouvelles et les rumeurs qui ressemblent à la vérité venant de Dieu !

C'est au mépris des accusations et condamnations incessantes infligées aux hommes honorables qui ont revêtu le manteau du service du Roi.

Loi Numéro 2

Vous serez accusés de l'opposé de ce que vous etes vraiment

De façon surprenante, la stratégie de Satan est de vous accuser de l'opposé de ce que vous êtes vraiment. Très souvent, les ministres tombent sous les accusations de choses dont ils sont éloignés. Des hommes aussi différents de voleurs que le ciel est loin de la terre sont accusés de voler. Des hommes qui ne commettront jamais l'adultère jusqu'à la mort sont sans cesse accusés d'être adultères.

Vous pourriez croire que si vous accusez quelqu'un de quelque chose qui lui est étranger, cela n'aurait aucun effet sur lui. De façon surprenante, ces accusations ont un effet puissant sur l'accusé.

On accusa Moïse de meurtre

On accusa Moïse d'essayer de tuer les Israélites même s'il faisait en fait le contraire. Dieu l'avait envoyé pour délivrer les Israélites, mais les gens l'accusaient d'essayer de les tuer tous. On lit ainsi dans les Écritures :

Et ils dirent à Moïse : EST-CE PARCE QU'IL N'Y AVAIT PAS DE TOMBES EN ÉGYPTE, QUE TU NOUS AIES EMMENÉS POUR MOURIR dans le

désert ? Pourquoi as-tu agi ainsi avec nous, pour nous avoir fait sortir d'Égypte ?

N'est-ce pas ce que nous te disions en Égypte, disant : Laisse-nous, que nous servions les Égyptiens ? Car il vaut mieux pour nous de servir les Égyptiens, plutôt que de mourir dans le désert.

Exode 14 : 11-12

Et les enfants d'Israël leur dirent : Plût à Dieu, si nous avions pu mourir par la main du SEIGNEUR dans le pays d'Égypte, quand nous étions assis près des potées de chair, et quand nous mangions du pain à satiété ; CAR VOUS NOUS AVEZ AMENÉS DANS CE DÉSERT, POUR FAIRE MOURIR DE FAIM TOUTE CETTE ASSEMBLÉE.

Exode 16 : 3

Et là, le peuple eut soif, faute d'eau ; et le peuple murmura contre Moïse, et dit : POURQUOI EST-CE QUE TU NOUS AS FAIT MONTER HORS D'ÉGYPTE, POUR NOUS FAIRE MOURIR DE SOIF, ET NOS ENFANTS, ET NOS TROUPEAUX ?

Exode 17 : 3

On accusa Moise d'être fier

On accusa Moise de s'exalter et d'être fier. Mais les Écritures nous disent que c'était l'homme le plus humble de la terre.

Moise était un homme très humble, plus qu'aucun homme sur terre.

Nombres 12 : 3 (TOB)

Et ils se groupèrent ensemble contre Moïse et contre Aaron, et leur dirent : C'est trop pour vous, puisque tous ceux de toute la congrégation sont saints, et le SEIGNEUR est au milieu d'eux ; POURQUOI DONC VOUS ÉLEVEZ-VOUS au-dessus de la congrégation du SEIGNEUR ?

Nombres 16 : 3

On accusa Jésus de détruire la maison de Dieu

Qui a fait plus pour édifier la maison de Dieu que le Seigneur Jésus ? Qui a tant aimé le temple qu'Il l'a purifié des voleurs ? Qui est venu sur terre et a sacrifié Sa vie pour la maison de Dieu ? Personne d'autre que Jésus Christ ! Et pourtant on l'accusa de chercher à attaquer et détruire le temple.

> **NOUS LUI AVONS ENTENDU DIRE : JE DÉTRUIRAI CE TEMPLE, QUI EST FAIT AVEC DES MAINS, et en trois jours j'en bâtirai un autre fait sans mains.**
>
> **Marc 14 : 58**

Je pose la question : « Cette accusation eut-elle l'effet désiré ? » La réponse est : « Oui, elle a marché ».

Les accusations, même invraisemblables et contraires au caractère connu du prêcheur, ont l'effet désiré. Jésus fut condamné à mort pour cette accusation. Votre ministère se termine peut-être à cause d'accusations sans fondement. Dieu arrangera cela avec Sa puissance comme Il l'a fait pour Jésus.

On accusa Jésus de vouloir le pouvoir politique

On accusa Jésus en disant que le trône de César l'intéressait. Jusqu'à quel point peut-on s'éloigner de la vérité ? Ce que Jésus contemplait, c'est le trône des Cieux, près du Père des Cieux.

Il est important de reconnaître que les accusations méchantes peuvent en fait montrer l'innocence totale de l'accusé. Il faut cependant être très expérimenté et sage pour reconnaître ce qui se passe.

> **Et ils se levèrent tous, et le menèrent à Pilate. Et ils se mirent à l'accuser, disant : NOUS AVONS TROUVÉ CETTE PERSONNE PERVERTISSANT LA NATION ET DÉFENDANT DE DONNER LE TRIBUT À CÉSAR, ET DISANT QUE LUI-MÊME EST CHRIST UN ROI.**
>
> **Luc 23 : 1-2**

On accusa Jésus de toutes sortes de choses

Car BEAUCOUP RENDAIENT DE FAUX TÉMOIGNAGES CONTRE LUI ; mais leurs témoignages ne s'accordaient pas.

Marc 14 : 56

Et les principaux prêtres L'ACCUSAIENT DE BEAUCOUP DE CHOSES ; mais il ne répondit rien.

Marc 15 : 3

Loi numéro 3

Les accusateurs les plus efficaces sont ceux qui sont le plus proche de vous

Ceux dont les accusations ont le plus grand poids sont ceux qui sont le plus proche de vous. Les accusations de personnes proches semblent crédibles en raison du lieu où ils ont travaillé. Permettez-moi d'essayer de mesurer les accusations selon la proximité de l'accusateur.

Les accusations d'un membre de l'église a plus d'effet que les accusations d'une personne qui n'est pas membre. Les accusations d'un pasteur quelconque ont moins d'effet que celles d'un proche associé. Mais les accusations d'une épouse ont bien plus de poids que celles de tout associé.

Même, mon bon ami, en qui j'avais confiance, qui mangeait mon pain, a levé le talon contre moi.

Psaume 41 : 9

Plus il est proche, plus il semble crédible. La contribution de Judas fut plus grande que celle de n'importe qui d'autre parce qu'il était un proche disciple de Christ.

Les crabes qui toussent

Quelqu'un me partagea un jour un proverbe intéressant. Il dit : « Il faut aller au bord de la rivière pour entendre les crabes tousser ».

« Qu'est-ce que cela veut dire ? » lui demandai-je.

« Quand vous vous tenez au loin et que vous regardez les crabes marcher sur la plage, vous ne pouvez pas savoir qu'ils toussent. C'est seulement quand vous êtes assez près que vous les entendez tousser », expliqua-t-il.

Il continua : « En d'autres mots : c'est ceux qui sont intimement impliqués qui savent vraiment ce qui se passe ».

Ce sont donc de telles personnes proches, celles qui entendent les crabes tousser, qui sont les meilleurs accusateurs.

Le crocodile sous l'eau

J'ai aussi entendu quelqu'un dire que si un crocodile vient de dessous l'eau dans un étang et dit : « Il y a un serpent sous l'eau », il faut alors le croire. En d'autres termes, c'est le crocodile qui sait ce qui se passe sous l'eau.

Qu'est-ce que tout cela veut dire pour nous ? Ce sont des avertissements pour ceux qui travaillent en proche collaboration avec le pasteur : toute personne proche est un accusateur potentiel. Les amis, les proches associés, les aides personnelles, les maris, les épouses et les enfants risquent tous de devenir des accusateurs. Presque tous les accusateurs font en fait partie de cette liste. Si Dieu vous a placé dans une position honorable et vous y a mis à proximité, faites attention que l'accusateur ne vous utilise pour faire son œuvre.

Loi numéro 4

Vos accusations continueront jusqu'à ce que vous réagissiez mal

Moïse fit finalement une faute dans son ministère. Il était sous la constante pression des accusations. Sous une constante provocation, il désobéit à Dieu. Telle est l'intention ultime de l'accusateur : vous pousser jusqu'à ce que vous changiez de direction et que vous chanceliez.

Remarquez comment Moïse céda sous la prétention persistante qu'il était menteur et meurtrier. Au lieu d'obéir au Seigneur, il réagit mal. Il frappa le rocher de son bâton au lieu de lui parler. Cela lui coûta son ministère et il n'entra point dans la terre promise.

> **Et il n'y avait pas d'eau pour la congrégation, et ils se groupèrent ensemble contre Moïse et contre Aaron.**
>
> **Et le peuple contesta avec Moïse, et parla, disant : Plût à Dieu si nous avions pu mourir quand nos frères moururent devant le SEIGNEUR !**
>
> **Et pourquoi avez-vous fait venir la congrégation du SEIGNEUR dans ce désert, pour que nous et notre bétail y mourions ?**
>
> **Et pourquoi nous avez-vous fait monter hors d'Égypte, pour nous amener dans ce mauvais lieu ? Ce n'est pas un lieu pour semer, ni pour des figuiers, ni pour la vigne, ni pour les grenadiers, il n'y a même pas d'eau à boire.**
>
> **Et Moïse et Aaron se retirèrent de la présence de l'assemblée à l'entrée du tabernacle de la congrégation ; et ils tombèrent sur leur visage, et la gloire du SEIGNEUR leur apparut.**
>
> **Et le SEIGNEUR parla à Moïse, disant : Prends le bâton, et réunis l'assemblée, toi et Aaron, ton frère, et PARLEZ AU ROC DEVANT LEURS YEUX, et il donnera son eau ; tu leur feras sortir de l'eau du roc, ainsi tu donneras à boire à la congrégation et à leurs bêtes.**
>
> **Et Moïse prit le bâton de devant le SEIGNEUR, comme il le lui avait commandé.**
>
> **Et Moïse et Aaron réunirent la congrégation devant le roc ; et il leur dit : Entendez maintenant, vous rebelles ; Devons-nous vous puiser de l'eau de ce roc ?**
>
> **Et MOÏSE LEVA SA MAIN, ET FRAPPA LE ROC AVEC SON BÂTON, DEUX FOIS ; et l'eau sortit en abondance, et la congrégation but, et leurs bêtes aussi.**

> **Et le SEIGNEUR dit à Moïse et à Aaron : Parce que vous ne m'avez pas cru, pour me sanctifier aux yeux des enfants d'Israël, aussi vous n'amènerez pas cette congrégation dans le pays que je leur ai donné.**
>
> **Nombres 20 : 1-12**

John Wesley se trouva sous une forte pression pour changer le cours de son ministère. Sa femme ne voulait pas qu'il écrive à certaines personnes. Elle ne voulait pas qu'il accom-plisse les tâches de son ministère en allant visiter les églises. Mais le ferme fondateur refusa de changer son ministère.

Marié ou non, il ne voyait pas pourquoi il devrait changer le cours ou la marche de sa vie. Il écrit dans son journal : « Je ne comprends pas comment un prêcheur méthodiste peut justifier le fait d'aller prêcher un sermon ou de voyager un jour de moins quand il est marié que quand il est célibataire ».

Loi numéro 5

Les causes sous-jacentes a l'accusation sont les causes courantes de la folie

> **Et les scribes et les Pharisiens l'OBSERVAIENT [...] afin qu'ils PUISSENT TROUVER UNE ACCUSATION contre lui [...] Et ils furent REMPLIS DE FUREUR [...]**
>
> **Luc 6 : 7,11**

Remarquez comment ils observent Christ pour trouver une accusation contre lui. À la fin, ils étaient remplis de fureur, de folie. La peur et la haine sont les causes courantes de l'accusation.

Les hommes et les femmes remplis de peur et de haine deviennent canaux des accusations de Satan. C'est une autre raison pour laquelle vous devez gardez un cœur pur. Éloignez la peur et la haine de votre cœur. Permettez-moi de vous partager un peu de science médicale, et vous comprendrez la relation entre les accusations et les maladies mentales.

Les causes de la folie

Les deux symptômes principaux de la folie (schizophrénie) sont les illusions paranoïdes et les hallucinations auditives. Dans les hallucinations auditives, le patient entend des voix qui l'accusent, qui lui parlent et parlent de lui. Dans les illusions paranoïdes, le patient a peur et croit en l'existence de choses qui n'existent pas, et il ne peut être convaincu du contraire.

Dans les maladies mentales, la peur pousse le patient sur la voie qui mène à la folie. Dans les maladies spirituelles, la peur pousse aussi le patient sur la voie des accusations. Dans les maladies mentales, l'état de peur évolue jusqu'à ce que le patient entende des voix et imagine des choses qui ne sont pas.

Ne permettez pas aux peurs effroyables de cette vie de pénétrer votre cœur. Elles peuvent vous conduire à une maladie mentale que vous n'auriez jamais suspectée. Dans la maladie mentale, le patient croit en des choses qui n'existent pas. Avec les problèmes spirituels, les gens se laissent tromper par les apparences et ils s'accrochent à ces apparences. Ce sont ces apparences qui deviennent illusions.

En fait, grâce à mon œil médical, j'ai remarqué que de nombreuses personnes apparemment normales sont sous le joug de quelque forme de maladie mentale. Parce que la maladie mentale embrasse tout un éventail de comportements et parce qu'il y a de longues périodes de lucidité, de nombreux cas ne sont pas détectés.

De nombreuses femmes ont succombé à des peurs et des insécurités effroyables et sont petit à petit passées d'une psychose (maladie mentale) légère à une psychose modérée. J'ai en effet confirmé le diagnostique de maladie mentale chez de nombreux chrétiens, mais je ne peux les approcher parce qu'ils n'ont pas demandé mon aide médicale.

Avez-vous remarqué que de nombreux meurtriers sont remplis d'une haine passionnée envers quelqu'un ? C'est cette haine qui les pousse à faire l'inconcevable. Sciemment, ils se condamnent eux-mêmes à la prison à vie et à l'enfer. C'est la folie dans toute sa splendeur !

La folie des prêtres

> **Et comme il parlait encore, voici Judas, l'un des douze, vint, et avec lui une grande multitude avec des épées et des bâtons, venant des chefs des prêtres et des anciens du peuple.**
>
> **Matthieu 26 : 47**

Le comportement des Pharisiens et des prêtres accusateurs peut être décrit au mieux comme folie. Ils étaient remplis de tant de haine envers le Sauveur qu'ils ont fait l'inconcevable. Ils ont « tué » Dieu sur la croix. Ils étaient tellement remplis de peur qu'ils ont utilisé Judas pour trahir quelqu'un qui se déplaçait ouvertement.

Le rôle de Judas, en tant que traître, est même plus mystérieux quand vous considérez le fait que Jésus fouetta ouvertement les vendeurs du temple quelques jours auparavant.

Leur crainte de Christ est prouvée par le genre d'armée qu'ils envoient pour arrêter un prêcheur non armé dans un jardin.

> **Puis Jésus dit aux chefs des prêtres, aux capitaines du temple, et aux anciens qui étaient venus à lui : Êtes-vous sortis, comme après un voleur, avec des épées et des bâtons ?**
> **Lorsque j'étais tous les jours dans le temple avec vous, vous n'avez pas étendu de main contre moi ; mais c'est votre heure et le pouvoir de l'obscurité.**
>
> **Luc 22 : 52-53**

Loi numéro 6

Votre accusateur aime les citations, proverbes et dictons non bibliques, mais pas la Parole de Dieu

Les accusateurs aiment les citations et les proverbes non bibliques. Un jour, j'ai reçu un document de quelqu'un qui voulait me faire croire que mon église était une secte. Au début, j'ai été très surpris par le document qui semblait faire autorité en matière de description des sectes.

Ce document avançait que l'une des caractéristiques des sectes est l'accent sur la loyauté. Cette personne me montrait donc qu'en raison de mon enseignement sur la « loyauté » et des livres que j'avais écrits sur elle, notre église avait clairement les caractéristiques d'une secte. Ces arguments astucieusement agencés semblent vrais, mais ils peuvent induire en erreur. En étudiant le document, je me suis rendu compte qu'il n'y avait absolument aucun fondement biblique à ces arguments autoritaires.

Quel verset biblique dit que lorsqu'une église enseigne sur la loyauté c'est une secte ? Y a-t-il si peu dans la Bible qui nous enseigne à être fidèle ? Quel fut le destin de Judas ? Jésus n'a-t-il pas dit qu'il aurait mieux fallu qu'il ne soit pas né ? À propos de quel autre péché Jésus a-t-il dit d'une personne qu'il aurait mieux fallu qu'elle ne soit pas née ? Comment peut-on qualifier de douteux l'enseignement sur la loyauté et la fidélité à Dieu et à Ses serviteurs ? Cette suggestion elle-même est démoniaque !

Les quolibets de femmes

D'autres sarcasmes ont aussi pris de l'importance et sont devenus le fondement de comportements et d'accusations fausses. Dans les églises, il y a des femmes non spirituelles qui vivent dans la peur et qui forgent des accusations contre leurs maris et les hommes en général. Ces femmes refusent de se plier à la Parole de Dieu.

Elles ont réponse à tout et usent d'arguments tels que :

« C'est le monde de la femme ».

« Je suis une femme et je sais ce que c'est d'être une femme ».

« T'es pas une femme et il y a des choses que tu ne comprendras jamais ».

Elles disent des choses comme : « Vous les hommes, vous êtes tous pareils ».

« C'est comme ça que les hommes pensent ».

« Les femmes sont différentes ».

« T'es un homme. Tu sais des choses, mais tu sais pas ce que la femme endure », etc.

Tous ces arguments intelligents semblent raisonnables et légitimes. Ils sont peut-être intelligents, mais ils ne sont pas bibliques. Ils ne doivent pas apporter force et fondement à la pratique du mal.

Nous ne pouvons permettre à l'accusateur de se trouver au milieu de nous, quelque soit son habit ou son costume. Il peut bien se déguiser en jolies robes et avoir une belle coupe de cheveux, il n'en est pas moins le diable !

Loi numéro 7

Quand vous donnez tort a votre accusate il essaie désespérément avec plusieurs autres accusations

Malheureusement, de nombreuses accusations ne tiennent pas debout. L'accusateur risque alors d'être couvert de honte à cause de ses fausses allégations. Cela le rend désespéré et il a recourt à toutes sortes de formes d'accusations qui deviennent encore plus bizarres.

La folie augmente à mesure que l'accusateur poursuit sa victime et fait appel à des témoins pour confirmer ce dont il n'a aucune preuve. Jésus reçut des crachats et des soufflets.

> **Et quelques-uns se mirent à cracher contre Lui, à Lui couvrir le visage, et à Le frapper à coups de poings, et à Lui dire : Prophétise ! Et les serviteurs le frappaient avec les paumes de leurs mains.**
>
> **Marc 14 : 65**

Pourquoi lui crachent-ils dessus ? Pour le rendre aussi sale qu'ils le veulent ? Mais notre Seigneur est pur et innocent de toutes les allégations faites contre Lui. Pourquoi lui couvrir le visage et Lui demander de prophétiser ?

Ils veulent désespérément prouver que c'est un faux prophète. Ne soyez pas surprise si vos accusateurs cherchent désespérément quelque chose à utiliser contre vous. Ce n'est pas facile de vivre avec quelqu'un qui cherche un défaut dans votre vie. Comme vous êtes humain, vous tomberez probablement à un moment ou un autre.

John Wesley a dit à sa femme :

> *« Je n'aime pas le fait de ne pas être en sécurité dans ma propre maison. Je ne suis pas maître chez moi. Je ne peux même pas appeler mien mon bureau ou mon étude. Ils risquent d'être pillés n'importe quand. Tu me dis : 'Je ne te vole rien que des papiers'. Je n'en suis pas si sûr. Comment le pourrais-je ? De l'argent me manque aussi, et celui qui vole une épingle peut voler une livre sterling. Même si c'est vrai, les papiers d'un savant sont ses trésors, son journal en particulier. 'Mais je n'ai pris que ce qui avait rapport à Sarah Ryan et Sarah Crosby'. Ce n'est pas vrai. Les lettres de M. Landey ont quel rapport avec elles ? De plus, tu as pris des passages de mon journal qui n'ont rien à voir avec l'une ou l'autre ».*

C'est très gênant de sentir qu'un membre de son cabinet ou de sa famille est un accusateur ! Cela ne fut pas facile pour Jésus. Il était constamment observé par des gens qui cherchaient désespérément à trouver quelque chose de mal en Lui.

Et comme il leur disait ces choses, les scribes et les Pharisiens commencèrent à le presser avec véhémence, et à le provoquer pour le faire parler de beaucoup de choses,

Lui tendant des pièges, et cherchant à surprendre quelque chose qui sortirait de sa bouche, afin qu'ils puissent l'accuser.

Luc 11 : 53-54

Loi numéro 8

Vos associés seront aussi accusés

Les accusations se généralisent rapidement et incluent les gens qui vous sont associés. Mon pasteur assistant est accusé de nombreuses choses dont je suis accusé. Si vous n'êtes pas prêts à être collectivement accusés, vous ne pouvez pas faire partie de l'équipe. Ne vous attendez pas à être le « Monsieur Propre » de l'équipe.

Vous n'êtes pas plus grand que Jésus. S'Il l'a été, alors vous le serez aussi. Quand de semblables accusations sont lancées contre vous, cela veut dire que vous êtes plus proche de votre maître. Si l'on a accusé Christ de multiples choses, vous le serez aussi. Si on l'a accusé de détruire le temple, ne soyez pas surpris quand on vous accuse de détruire l'église. C'est un honneur d'être accusé comme votre maître l'a été. C'est un signe de votre proximité. Cela montre que vous avez revêtu son identité. Rendez grâces à Dieu pour votre loyauté.

On a accusé Pierre de faire partie de la petite bande à Jésus. Il était le plus proche et celui qui avait osé rester proche au moment de la crise. Pas étonnant que les accusations lui tombaient aussi dessus.

Et un peu après un autre le vit, et dit : TU ES AUSSI DE CEUX-LÀ...

Luc 22 : 58

Une autre leçon à tirer est que faire face à certaines accusations requiert beaucoup de quelqu'un. Pierre réagit à l'accusation en la repoussant aussitôt.

> **[…] Et Pierre dit : Homme, JE N'EN SUIS PAS.**
>
> **Luc 22 : 58**

Vous devez respecter les hommes de Dieu qui sont capables de vivre et de servir normalement, malgré les nombreuses allégations et accusations contre leur vie. Pierre se dégonfle après l'accusation d'une simple servante.

Peut-être que vous ne tiendriez pas une seule journée si vous étiez accusé par votre père ! Vous ne pouvez pas toujours savoir ce qu'un autre supporte pour vous.

Loi numéro 9

Certaines accusations peuvent vous malmener

Certaines accusations marchent mieux sur vous. Satan trouvera ce qui vous contrarie vraiment. Après, il enfoncera le clou jusqu'à ce que vous piquiez une crise. Pilate a refusé de crucifier Jésus jusqu'à ce que la voix inquiètante de l'accusateur s'élève au-dessus du bruit de la foule.

> **Dès lors PILATE CHERCHAIT À LE RELÂCHER mais les Juifs criaient, disant : SI TU LAISSES CET HOMME PARTIR, TU N'ES PAS AMI DE CÉSAR ; quiconque se fait roi s'oppose à César.**
>
> **LORSQUE PILATE ENTENDIT CE PROPOS, IL AMENA JÉSUS DEHORS, et s'assit sur le siège de jugement, à un endroit appelé le Pavement, mais en hébreu Gabbatha.**
>
> **Jean 19 : 12-13**

Cette voix l'accusait de ne pas être loyal envers César. Pilate était un dur, connu pour son comportement violent. Il n'était pas du genre à se laisser mener par une foule. Mais quand l'accusation se fit entendre, tout changea et il abandonna Christ innocent.

Voyez-vous comme les accusations sont puissantes ? Elles peuvent faire plier les inflexibles et mener par le nez les dirigeants intransigeants. **Satan sait ce qui peut vous faire céder ! Il sait ce que vous n'aimez pas entendre et il trouvera quelqu'un pour vous le dire.**

Est-ce de votre bouche dont il se sert pour prononcer ces accusations ?

Les pasteurs n'aiment pas être pris pour des voleurs, donc quand Satan veut porter atteinte aux finances d'un ministère, il se sert de la voix de l'accusateur pour suggérer que le pasteur est un avare. À travers cette accusation, il est affaibli et ne peut collecter des fonds.

Appuie sur le bon bouton, ma sœur

Les épouses des pasteurs savent que leurs maris détestent être considérés comme adultères. Elles se rendent compte que leurs maris ne veulent en aucun cas être associés à ce genre de choses. Comme les Juifs qui manipulaient Pilate pour qu'il crucifie Jésus, de nombreuses épouses chrétiennes manipulent leurs maris pour qu'ils crucifient (éliminent, pillent, anéantissent, rejettent, excluent, déciment, suppriment) d'autres femmes qu'elles n'aiment pas ou qu'elles craignent ! Mesdames, pardon pour cette comparaison, mais elle est trop correcte pour être ignorée. S'il vous plait, ne soyez pas en colère contre moi !

Loi numéro 10

Le motif de l'accusateur est plus profond que le problème présenté

L'accusation a une dimension spirituelle. Elle est plus profonde que la chose dont vous êtes accusé. **C'est pourquoi lorsque vous changez votre comportement en réaction à**

l'accusation, une nouvelle série d'allégations apparait. C'est le signe sûr que l'accusateur vous a trouvé.

Un ministre était accusé dans une affaire de drogues. Il a essayé d'éclaircir ce nuage qui menaçait son ministère. Il a mis en place des centres de réhabilitation pour aider les drogués, pour prouver qu'il n'avait vraiment rien à voir avec la drogue. Il a fait beaucoup d'autres bonnes œuvres, mais les accusations persistaient.

Depuis que je connaissais ce ministre, il était constamment bombardé par une chose ou une autre. Les interviews et relations publiques portaient très peu de fruit. Pourquoi les journalistes ne relâchaient-ils jamais leurs efforts pour accuser cet homme de Dieu ?

Un jour, l'un des journalistes me confia ceci : « Mon but est de rendre honteux tous ceux qui fréquentent cette église ».

Quel motif ! Cet homme de Dieu recevait les attaques incessantes d'un journaliste parce que ce journaliste haïssait le pasteur et voulait détruire son ministère !

Tout changement adopté par le ministre en réaction aux allégations n'avait donc « aucun effet ». Quel que soit le changement, une nouvelle allégation apparaissait aussitôt. C'est le signe sûr que l'accusateur vous a trouvé.

L'intention de Satan est de vous empêcher de faire de bonnes œuvres. Vous vous rendrez compte que les accusations persistent que vous changiez certaines choses ou non.

Christ notre Sauveur fut un parfait exemple. On a associé son ministère aux repas, fêtes et réunions rompant le jeûne, et on a associé celui de Jean le Baptiste au jeûne et à la vie au désert. Mais dans chaque cas le déluge d'accusations avait pour but de mettre fin au ministère :

> **Mais à qui comparerai-je cette génération ? Elle est semblable aux petits enfants assis dans les marchés, et appelant leurs compagnons, Et disant :**

Nous vous avons joué de la flûte, et vous n'avez pas dansé ; nous avons pleuré pour vous, et vous ne vous êtes pas lamentés.

Car Jean est venu ne mangeant ni ne buvant ; et ils disent : Il a un diable.

Le Fils de l'homme est venu mangeant et buvant ; et ils disent : Voici un glouton et un ivrogne, un ami des publicains et des pécheurs. Mais la sagesse est justifiée par ses enfants.

Matthieu 11 : 16-19

Parfois, il n'y a même pas besoin de penser à ce dont vous êtes accusé : quoi que vous fassiez, ça ne changera rien. Le problème n'est pas ce que vous faites, le problème est l'accusateur. Voyez ce commentaire intéressant de Beverly LaHaye qui démontre le même principe dans son livre *La femme dirigée par l'Esprit* .

Un autre blocage commun à Marthe Mélancolie est la jalousie. Elle n'est pas encline au « flirt feint » et épouse des hommes très ouverts et sympathiques avec tout le monde. **Il n'est pas rare que dans la voiture qui la ramène à la maison après une fête elle reste dans un silence de mort parce que son mari a flirté avec toutes les femmes présentes.** L'ego de son mari recevant peu de satisfaction à la maison, il en recherche imprudemment dans les rencontres sociales et se dit souvent : « Rien de ce que je fais ne satisfait jamais cette femme ».

Assise en face de la très jolie femme d'un homme d'affaires chrétien riche et dynamique, je fus surprise d'entendre sa femme mélancolique demander : **« Pouvez-vous expliquer pourquoi je suis si jalouse de mon mari même quand je sais que c'est injustifié ? » Il avait apparemment renvoyé successivement trois secrétaires et avait finalement embauché la fille la plus modeste qu'il avait pu trouver, en raison de la jalousie de sa femme.**

Mais cela n'avait pas encore résolu son problème à elle.

Je répondis : « Le problème n'est pas votre mari, c'est tout simplement que vous ne vous aimez pas ». Les larmes se mirent à couler le long de ses joues et elle reconnut ses forts sentiments de rejet. Plus tard, le mari fit le commentaire suivant sur leur relation :

« Quand ses soupçons sans fondement la rendent jalouse, je ne peux pas m'approcher d'elle. **Et quand elle regrette ses accusations, elle ne se lasse pas de moi. Je ne sais jamais à quoi je dois m'attendre - une fête ou la famine ! »**

Chapitre 3

Les buts de l'accusateur

Il y a des raisons mystérieuses qui poussent à accuser quelqu'un. Ces intentions cachées ne sont pas toutes connues des Chrétiens. Si vous compreniez ce que les accusations font, vous hésiteriez beaucoup à accuser quelqu'un. Les accusations détruisent les gens. Les accusa-tions détruisent les relations entre les gens. Les effets de ces accusations sont souvent permanents.

Premier but des accusations : avilir l'accusé

Les accusations vous avilissent à vos propres yeux. Les accusations amènent l'accusé à se sous-estimer. Vous perdez donc le zèle pour les bonnes actions. Le zèle à faire le bien ou à persévérer dans le bien disparaît quand vous entendez certaines accusations.

Vous vous dites : Après tout, ils n'attendent rien de bien de moi. Je vais juste être moi-même. Je m'en fiche maintenant ».

Une fois que vous êtes avili, vous n'êtes bon à rien. Vous êtes inutile pour les grandes missions.

C'est là que les pères entrent en jeu. Les pères croient en leurs enfants même quand ils sont virés de l'école. Ils aiment leurs filles même si elles sont enceintes hors mariage. Ils disent constamment de bonnes choses à leurs enfants.

« Je crois en toi ! Tu peux y arriver ! » Ce sont ces paroles qui contrecarrent l'avilissement auquel fait face une personne accusée et lui donnent la force de se relever.

Je me souviens, quand j'ai mis en route notre l'église, on m'accusait de plusieurs choses. On me disait : « Ce n'est pas à toi d'avoir un ministère, tu n'es pas pasteur ! Tu es étudiant en médecine et rien d'autre ».

Mon propre pasteur associé remettait en cause mon appel. Mes associés et les membres de l'église avaient des discussions où ils analysaient ma prédication et mon appel. Certains disaient : « Il n'est pas appelé par Dieu ». D'autres disaient : « Il est appelé ».

Je me mis à avoir tellement peur de l'église que j'avais la diarrhée tous les samedis soirs. J'ai demandé à ma fiancée si j'allais avoir la diarrhée tous les samedis pour le reste de mes jours.

J'avais tellement peur de prêcher le dimanche. Ceux qui me critiquaient et m'accusaient s'alignaient et s'asseyaient au deuxième rang pour évaluer mon appel. Mes mains tremblaient sur le micro. Je tremblais comme si j'avais la maladie de Parkinson.

Pendant que je prêchais, il me suffisait de les regarder pour avoir la bouche sèche. Je n'avais plus de salive dans la bouche et il me fallait désespérément boire pour humecter ma bouche, autrement ma langue ne pouvait plus bouger. Parfois, quelqu'un devait m'apporter de l'eau de toute urgence pendant un sermon, et on m'accusait de m'intéresser à la fille qui m'apportait de l'eau !

Un jour, j'eus une vision et je me vis sur un ring en train de boxer un adversaire. Je me rendis compte soudain contre qui je me battais : une dame éminente et membre de l'église.

Le Seigneur me révéla que cette personne et d'autres aussi me combattaient avec leurs langues.

Il me dit : « Rejette ceux qui te méprisent, les dissensions et les disputes disparaîtront ». C'est ce que je fis, et je renvoyai celui qui menait le groupe de mes accusateurs. Il quitta l'église et la plupart des accusateurs partirent aussi. Après m'être débarrassé des accusateurs, je devins plus fort. C'est ce que la Bible enseigne. La force vient quand vous rejetez les accusa-teurs !

Je ne devins pas immédiatement un pasteur plus saint ou plus expérimenté. Mais je devins plus fort en ne les ayant plus autour de moi ! Ces accusations auraient pu me chasser de mon ministère, telle était l'intention. Je n'aurais jamais écrit ce livre et ce ministère ne vous aurait jamais été bénéfique.

Deuxième but des accusations : vous couvrir de honte

Les accusations couvrent aussi de honte l'accusé aux yeux des autres. Satan veut vous couvrir de honte à travers les accusations. N'avez-vous jamais remarqué que quand quelqu'un est accusé d'un crime et qu'il doit se défendre, il est habituellement couvert de honte ?

Vous défendre dans un procès est habituellement une expérience qui vous couvre de honte. Vous n'êtes jamais le même après les accusations. D'une façon ou d'une autre, les gens croient que les accusations étaient vraies. Ils pensent que vous vous en êtes tiré en vice de forme.

On a accusé Michael Jackson d'être l'auteur de sévices sexuels sur des enfants. Il a été en procès pendant des semaines. Même s'il a été acquitté de toutes ces accusations, il n'est plus le même. L'éclat et la splendeur sont obscurcis.

Quand votre réputation est entachée, les gens ne peuvent rien recevoir de vous. Votre ministère est entravé et ne peut plus se déployer. De moins en moins de personnes sont prêts à vous écouter. Ils croient que vous êtes mauvais. « À tous ceux qui L'ont reçu, Il leur a donné le pouvoir ». Pour recevoir le pouvoir, vous devez recevoir la personne. Si quelqu'un est avili et considéré comme mauvais, comment pouvez-vous le recevoir ?

Je me souviens d'un homme de Dieu qui recevait des accusations incessantes de sa propre épouse. Elle était obsédée par une idée : qu'il avait peut-être des liaisons avec plusieurs femmes de l'église. Un jour, Dieu lui donna une vision dans laquelle Il lui révéla que l'homme de Dieu était accusé par un esprit de honte. Dans cette vision, il se trouvait dans les toilettes comme tout le monde, faisant ses besoins. Il s'avéra que pendant ce temps, il reçut un hôte distingué qu'il respectait beaucoup.

Chose surprenante, sa femme amena l'hôte dans les toilettes pour le rencontrer. Toute la pièce sentait très mauvais, comme pour tout le monde, et son mari était très gêné. Il demanda que son hôte l'attende ailleurs. Mais sa femme insistait que l'hôte devait rester à la porte des toilettes pour lui parler. Ce pauvre mari devait parler derrière la porte à cet hôte honorable, et ce dernier devait se tenir dans un endroit qui sentait terriblement mauvais.

Dans cette vision, le mari était très gêné par cette situation. Quand il se réveilla, il se rendit compte qu'il affrontait un esprit de honte dans sa vie, qui voulait le mettre dans l'embarras, même s'il n'avait commis aucun mal.

Je me souviens aussi il y a des années, quand un grand évangéliste avait organisé une croisade au Ghana. Son organisateur était dans le pays et logeait dans un hôtel tenu par mon père. L'un des pasteurs de notre ville vint rencontrer ce directeur de croisade. Malheureusement, ce pasteur ghanéen passa beaucoup de temps à noircir la réputation de l'un des ministres expérimentés de la ville. En passant à côté d'eux, nous entendîmes de bribes de leur conversation.

À chaque seconde qui passait, la réputation de ce pasteur aguerri devenait noire comme la suie par la bouche de cet autre pasteur. Vu les choses qu'on disait de lui, il ne pouvait ressembler qu'à une Golliwog spirituelle, la poupée au visage noir.

Le but des accusations est d'assurer que vous ne serez jamais reçu. Mais Dieu assurera que vous soyez reçu là où vous devez être reçu. Votre ministère ne peut être entravé par aucun être humain. Dieu est au-dessus de tout et Il fera en sorte que Sa volonté soit faite malgré tout ce qu'on dit de vous.

Troisième but des accusations : vous faire tomber dans le péché

Après avoir été accusés et avilis, beaucoup se sous-estiment et commencent en fait à faire ce que les accusateurs attendent d'eux.

Car il est tel qu'il pense en son cœur [...]
Proverbes 23:7

Le plan ingénieux de Satan commence alors à marcher. Vous vous trouvez en train de faire le mal dont on parlait à votre sujet. C'est pourquoi les gens expérimentés ne prennent même pas la peine d'écouter certaines accusations. Ce n'est pas qu'ils sont arrogants, mais ces choses tendent à les pousser vers le but recherché.

Je me souviens avoir conseillé un pasteur qui était marié à une femme accusatrice et pas sûre d'elle-même. Ce pasteur me dit en larmes comment sa femme le soupçonnait constamment d'avoir des liaisons avec des femmes de l'église.

Il me dit : « J'aime ma femme et je n'ai de liaison avec personne ». Pendant des années, leur mariage continua à passer par les hauts et les bas créés par une accusation après l'autre.

Le pasteur me raconta comment sa femme rencontra un jour une personne qui avait eu une vision que son mari avait une liaison avec quelqu'un de l'église. Les larmes aux yeux, il me dit que sa femme crut totalement cette femme et arrangea même un rendez-vous avec la visionnaire pour qu'il parle avec elle de sa vision concernant sa relation adultère. Le pasteur me dit combien il fut embarrassé par cette rencontre. « Comment ma femme pouvait croire cette vision et aller jusqu'à arranger un rendez-vous ? » se lamenta-t-il. « Elle ne me croit pas et ne me fait pas confiance ».

Je dis un jour à cette épouse : « Si votre mari a jamais une liaison avec quelqu'un, je dirais que c'est de votre faute. Vous avez fait l'œuvre de Satan en l'accusant, en le soupçonnant et en le couvrant de honte pendant des années ». Je lui dis aussi : « Si votre mari a jamais une liaison, mon amour et mon respect pour lui ne changeront pas. Il a résisté à vos accusa-tions cinglantes pendant des années et je ne sais même pas comment il a survécu ». Elle ne semblait pas comprendre ce que je disais. Je continuai : « Puisque vous l'avez accusé si longtemps, ce serait votre plus grande victoire s'il couchait effectivement avec quelqu'un. Cela vous justifierait et vous prouverait que vous aviez raison depuis le début ».

C'est une réalité courante mais étonnante. L'accusatrice désire en fait que les accusations s'avèrent vraies pour prouver à ceux à qui elle a exprimé ses soupçons qu'elle a raison. Finalement, après de nombreuses années, le pasteur finit par avoir une liaison avec une femme qui n'était même pas l'une des présumées.

« J'avais le moral tellement bas. Je sentais que ma femme ne m'aimait pas et qu'en fait elle me haïssait. Cela me poussa dans les bras de cette femme accueillante et qui était bonne pour moi », m'expliqua-t-il.

Évidemment, ce pasteur était accablé et son ministère fut grandement affecté. J'étais désolé pour ce ministre parce qu'il était tombé en proie à une stratégie ingénieuse, soutenue et à long-terme du diable. Mon ami, méfiez-vous des accusations. Ils ont un effet que vous ne pouvez soupçonner. L'Écriture enseigne que les accusations vous affaiblissent et vous privent de votre pouvoir. Il est temps de faire taire l'accusateur. Personne ne peut s'épanouir en présence des accusateurs.

Quatrième but des accusations : susciter la haine et l'amertume chez l'accusé

Le but de Satan est d'engendrer un esprit de haine dans votre cœur. Une fois que vous êtes plein d'amertume, de nombreux autres maux se développeront. C'est naturel de haïr les accusateurs. Une grâce surnaturelle est nécessaire pour aimer les accusateurs. Chaque ministre fait l'expérience de cette tentation. Une fois que la haine et l'intolérance sont dans votre cœur, la porte est ouverte par laquelle Satan peut apporter la maladie, la mort et autres problèmes.

De nombreux ministres ont dans leur cœur de la haine envers quelqu'un. En général, ils n'ont pas pardonné à quelqu'un qui a été dit quelque chose contre eux. Cette personne peut être un associé, un membre de l'église ou même un journaliste. Mais c'est juste un piège pour vous rendre intolérant. J'ai vu des ministres trembler de haine envers des membres de l'église qui étaient partis avec un flot d'accusations. N'oubliez pas que Satan veut remplir votre cœur d'amertume. C'est sa stratégie à long-terme pour vous achever.

Cinquième but des accusations : la séparation

L'un des buts des accusations est de séparer l'accusateur de l'accusé. Il est habituellement important pour l'accusateur d'être proche de l'accusé. Un pasteur aguerri et son assistant peuvent par exemple être séparés à cause d'accusations.

Mari et femme s'éloignent facilement l'un de l'autre et deviennent distants quand l'un accuse constamment l'autre de diverses choses. Ils s'éloignent l'un de l'autre à mesure qu'ils s'accusent réciproquement de divers défauts au cours des années. Avant de se marier, ils faisaient l'éloge l'un de l'autre et s'échangeaient des mots d'amour.

Les mots positifs rapprochent les gens, les accusations négatives séparent même les amis les plus intimes !

Les églises sont divisées en groupes à cause d'accusations. La tribu Ashanti est séparée de la tribu Ewé par diverses accusations qu'ils se lancent réciproquement. La division ne fait que s'accroitre et s'approfondir à mesure que les accusations se multiplient.

Sixième but des accusations : vous décourager et vous troubler

Je vais dresser les Égyptiens les uns contre les autres, ils se battront entre eux, frère contre frère, ami contre ami, ville contre ville, royaume contre royaume.

Les Égyptiens SE DÉCOURAGERONT, et je mettrai du DÉSORDRE [TROUBLE] dans leurs projets […]
Ésaïe 19 : 2-3 (Parole de Vie)

L'Écriture montre comment, lorsqu'un frère en attaque un autre, cela décourage et trouble leur stratégie. Les Égyptiens allaient être découragés à cause du genre d'attaques qu'ils allaient recevoir.

Quand vous êtes accusé, vous êtes découragé et désabusé. Les accusations ont le pouvoir de vous priver de votre vie et de votre esprit. Quand toutes vos bonnes actions sont vues sous une lumière négative, votre zèle se refroidit.

Il y a des années, l'un de mes meilleurs amis et frères vivait chez sa tante. Un jour, quelque chose fut volé dans la maison, et la tante l'accusa de ce vol. Il avait vécu heureux avec sa tante et sa famille pendant de nombreuses années. Il fut choqué d'être accusé de ce vol. On fouilla ses maigres possessions et il fut gravement menacé par sa tante et son oncle.

Mais il n'avait rien volé, c'était en fait quelqu'un d'autre qui avait commis ce vol. Il fut enfin prouvé qu'il n'avait rien volé. Mais il me dit que sa relation avec sa tante et toute sa famille ne fut plus jamais la même après cela. Ce n'est pas un agréable sentiment de se savoir pris pour un voleur. Le découragement et maintenant la séparation s'étaient insinués. Des relations intimes importantes furent détruites par les accusations.

Septième but des accusations : faire d'un ami un ennemi

Je vais dresser les Égyptiens les uns contre les autres, ils se battront entre eux, frère contre frère, ami contre ami, ville contre ville, royaume contre royaume.
Les Égyptiens SE DÉCOURAGERONT, et je mettrai du DÉSORDRE [TROUBLE] dans leurs projets […]
Ésaïe 19 : 2-3 (Parole de Vie)

Quand Satan veut que de bons amis se retournent l'un contre l'autre, il se sert de l'arme de l'accusation. L'accusation a le mystérieux effet de retourner les meilleurs amis l'un contre l'autre. Les époux joints par un amour et une affection profonde peuvent devenir ennemis. C'est étonnant d'observer comment une relation peut se détériorer et devenir l'opposé de ce qu'elle était originellement.

Les églises auraient été cent fois plus fortes s'il n'y avait pas eu d'accusations. Les jeunes pasteurs lancent des accusations contre les pasteurs plus âgés et quittent l'église avec une partie des membres. De nombreuses églises ont une église séparatiste dans les environs. Ces deux églises sont généralement dirigées pas des pasteurs qui étaient amis mais sont devenus ennemis. Cette inimitié a été créée par des accusations. Satan est l'auteur de tout cela.

Dieu veut que nous soyons un seul corps. Reconnaissons l'accusateur au milieu de nous et refusons qu'il se serve de nous pour nous accuser les uns les autres.

Abner se retourne contre Ishbosheth

Un autre exemple illustre comment de bons amis deviennent ennemis : Abner se retourna contre son propre roi. Abner avait établi et aidé Ishbosheth à devenir roi d'Israël. Il agit avec fidélité et alla en guerre contre le roi David. Un jour, quelque chose arriva qui changea tout. Ishbosheth accusa Abner de mal se conduire avec une femme. Cette accusation mit Abner tellement en colère qu'il se retourna contre le roi. Il annula rapidement tout ce qu'il avait fait pour Ishbosheth et devint son ennemi. Ce fut un retournement incroyable. Voyez vous-même :

> **Saul avait eu une concubine dont le nom était Rizpah, la fille d'Aiah ; et Ishbosheth dit à Abner : Pourquoi es-tu allé vers la concubine de mon père ?**
>
> **Et Abner fut fort irrité des paroles d'Ishbosheth, et lui dit : Suis-je une tête de chien, moi qui contre Judah, fais preuve aujourd'hui de bonté envers la maison de**

Saul, ton père, envers ses frères et ses amis, et qui ne t'ai pas livré en la main de David, que tu me charges aujourd'hui d'une faute concernant cette femme ?

Que Dieu fasse ainsi à Abner, et plus encore, si je ne fais à David comme le SEIGNEUR lui a juré, En faisant passer le royaume de la maison de Saul, et en établissant le trône de David sur Israël et sur Judah, depuis Dan jusqu'à Beersheba.

Et Ishbosheth ne put répondre un mot à Abner, parce qu'il le craignait.

2 Samuel 3 : 7-11

Voulez-vous faire de votre meilleur ami un ennemi ? Alors allez-y et accusez-le. Voulez-vous que votre mari vous haïsse et devienne votre ennemi ? Alors je suggère que vous commenciez à l'accuser. Demandez à Ishbosheth ce qui lui est arrivé et vous recevrez la sagesse.

Voulez-vous perdre votre pasteur associé ? Alors accusez-le au lieu de l'encourager.

C'est pourquoi j'encourage les gens même si je vois leurs défauts. Quand il y a beaucoup d'amour et d'encouragement, c'est facile d'aborder les défauts et de s'en occuper sans l'amertume de l'accusation.

Je peux corriger et réprimander ceux qui travaillent avec moi à propos de quasi n'importe quoi. Je le fais en douceur et avec modération après m'être assuré que le message d'amour est plus fort et plus clair que tout le reste.

J'ai parlé à la femme qui accusait constamment son mari d'avoir une liaison avec quelqu'un. Ce frère n'avait rien fait de ce qu'elle prétendait. Les mois passant, elle restait sur ses allégations non prouvées. Elle ne voulait ni changer d'avis ni céder. « Mon mari commet l'adultère », insistait-elle.

Elle ne voyait pas qu'elle transformait son mari en ennemi. Essayant désespérément de gagner l'amour de son mari, elle le repoussait davantage et l'amenait en fait à la haïr. Son propre mari devint son ennemi. J'observais ce couple s'avancer vers une séparation et une haine mutuelle grandissante.

De nombreuses femmes pratiquent cette forme d'amour accusateur. Un « amour accusateur » émet des accusations qui ont pour but de l'éloigner d'autres femmes par la peur et de l'attirer vers son épouse. Malheureusement, ce genre d'amour a l'effet opposé et amène en fait les maris à haïr leurs épouses.

Huitième but des accusations : vous transformer vous-même en accusateur

Quand on vous accuse, vous devenez souvent un accusateur vous-même. Vous faites preuve d'autodéfense pour vous protéger contre l'attaque. C'est une étape dangereuse. Chaque ministre devrait s'en méfier. Vous nourrissez non seulement de l'amertume, de la haine et de l'inimitié, mais vous revêtez maintenant un habit d'accusateur. Vous et Satan unissez vos forces et travaillez ensemble en partenaires. C'est peut-être l'étape la plus mortelle dans la réaction aux accusations.

Pour voir cela clairement, vous n'avez qu'à observer le comportement humain en politique. L'opposition ou les groupes minoritaires inventent de nombreuses accusations et allégations contre le parti en place.

Le président et son parti réagissent avec véhémence par des contre-accusations sur des points qui n'ont aucun rapport. Le parlement est au fond un théâtre pour accusations et contre-accusations. C'est une arène où naît la haine et où des divisions existantes s'élargissent. Personne ne voit le bien dans l'autre. Pendant ce temps, ils sont tous aussi mauvais les uns que les autres.

Neuvième but des accusations : vous empêcher d'avancer

Satan désire vous empêcher de faire les bonnes œuvres auxquelles Dieu vous a appelé. L'une des façons les plus efficaces est de trouver quelque chose dont vous accuser.

Après que j'aie planté plusieurs églises en Europe, on m'accusa de divers maux. Le fait d'entendre ces commentaires négatifs pendant des années a fini par m'ébranler. Je perdis mon intérêt pour l'Europe et je ne voulais plus y planter des églises.

Plus d'implantation d'églises

Un jour, je me trouvais dans une ville de Suisse. Un groupe de gens qui voulaient qu'on y commence une église s'étaient rassemblés pour me rencontrer. Alors qu'ils parlaient avec ardeur de leur désir d'avoir une église dans la ville, je les regardais avec méfiance.

« Ces gens-là se retourneront contre moi et m'accuseront de venir ici pour chercher de l'argent », me disais-je.

Je pensais : « Ils sont comme les autres accusateurs dans les autres villes européennes. C'est seulement une question de temps, ils finiront par me montrer du doigt ».

Je décidai de ne pas y commencer une église. « Ils ne le méritent pas », fut ma conclusion.

Plus tard, je me rendis compte que j'avais arrêté de planter des églises à cause des accusations. Quand Satan veut vous arrêter, il a une arme efficace : l'accusation, l'accusation, l'accusation ! Elle vous empêchera d'avancer !

Ma petite amie ?

Il y a quelque temps, j'étais à la tête d'une confrérie. J'avais beaucoup de membres répartis dans toute la ville. Quand nous étions à l'école, je voyais tous les membres et m'occupais d'eux.

Cependant, pendant les vacances, je devais leur rendre visite pour m'occuper d'eux. Un jour, je rendis visite à une sœur dans un petit magasin où elle travaillait pour sa tante.

Comme j'entrai dans le magasin, j'entendis quelqu'un murmurer derrière le comptoir : « Ton petit ami est là ».

Je fus très surpris parce que je n'étais pas son petit ami, et je n'avais aucune intention de le devenir. Après avoir entendu ce commentaire, ce me fut difficile d'agir en ministre avec elle. Je perdis mon intérêt et décidai de ne plus lui rendre visite. Vous voyez, ce commentaire était une accusation qui vint arrêter mon ministère envers cette âme nécessiteuse. Son effet fut de mettre fin à mon œuvre de bonté. Je l'abandonnai à son destin ! Les mauvais esprits eurent le dessus et elle finit par être possédée par des démons. La dernière fois que j'entendis parler d'elle, sa vie était détruite et elle était devenue folle !

Satan voulait s'approcher de ma brebis et il voulait que j'arrête d'être le berger. Il se servit tout simplement de l'arme de l'accusation et cela suffit ! Il m'a empêché d'avancer par une simple accusation.

Dixième but des accusations : vous contrôler

Les accusations peuvent vous arrêter et elles peuvent aussi vous contrôler. Vous vous mettez à vous baser sur elles pour prendre des décisions. Finalement, vous vous trouvez sur une voie totalement différente de celle que Dieu avait préparée pour vous. Il y a des années, le Seigneur me fit commencer une confrérie pour les ministres de ma ville.

J'étais inquiet de ce que certaines personnes allaient dire et penser à mon sujet. J'entendais les gens dire : *« Pour qui est-ce qu'il se prend ? C'est un gamin ! Quand est-ce qu'il est venu ? Est-ce qu'il croit qu'il va nous diriger ? »*

Cela m'embêtait et je finis par former un groupe démocratique pour leur faire plaisir. Chose intéressante, aucune des personnes dont j'avais pris en compte les commentaires et accusations ne joignit la confrérie, même si je l'avais faite démocratique pour eux.

Plus tard, je découvris que j'étais incapable de remplir le mandat que Dieu m'avait donné. Je me rendis compte que les commentaires et accusations des gens avaient guidé mes décisions concernant cette confrérie. J'avais été contrôlé par ces insinuations et ces accusations jusqu'à ce que mon ministère soit étouffé.

Certains sont appelés à être pasteurs, mais ils ne veulent aucune association avec le sacerdoce. C'est parce qu'ils ont entendu de nombreuses accusations contre les ministres et ne veulent pas être l'un d'entre eux. Cela dissuade de nombreuses personnes bien intentionnées du ministère.

Par des accusations efficaces, Satan garde le nombre de ministres aussi bas que possible.

La sorcellerie par les accusations

Voici comment la sorcellerie se développe. La sorcellerie, c'est l'utilisation de n'importe quel pouvoir autre que le pouvoir de Dieu pour contrôler les gens. Tristement, les seuls exemples bibliques que j'ai sont des exemples de femmes qui poussent leurs maris contre la volonté de Dieu.

Ève poussa la main d'Adam à cueillir le fruit de l'arbre de la connaissance du bien et du mal. Depuis lors, nous luttons sur terre pour survenir à nos besoins. Pire, nous sommes tous en danger d'aller en Enfer ! Sans la miséricorde de Dieu, nous serions tous condamnés.

Jézabel poussa la main de son mari Achab à tuer un innocent. Par son influence, le roi rejoint une longue lignée de rois mauvais et de meurtriers en route vers l'Enfer.

La femme d'Hérode poussa la main de son mari à tuer (éliminer, supprimer, exclure, rejeter, anéantir, faire disparaître, détruire) le ministre du prophète, Jean le Baptiste.

Une façon de contrôler est d'accuser et de harceler quelqu'un de paroles. Vous contrôler quelqu'un quand vous l'accusez de ce qu'il ne veut pas être. Les gens tendent à reconnaître ce que vous ne voudriez pas devenir et c'est exactement de quoi ils vous accusent.

Chaque accusation vous amène à vous échauffer et à vous mettre en colère. Par des accusations persistantes, les gens vous contrôlent et vous empêchent de faire certaines choses qu'ils n'aiment pas.

Quand quelqu'un continue de vous accuser, il atteint un degré de contrôle de votre vie et c'est de la sorcellerie. Ce genre de sorcellerie n'est pas facile à reconnaître. C'est seulement après un long moment que vous reconnaitrez peut-être que quelqu'un vous contrôle.

Parfois ceux qui vous accusent ne savent pas qu'ils sont entrés dans la sphère de la sorcellerie ! Il faut être très fort spirituellement pour garder le cap malgré les accusations. Ceux qui sont plus faibles ne peuvent pas garder le cap. Parfois, ils réagissent simplement en étouffant l'effet de l'accusateur.

Les forts supportent les accusations

Le cas de John Wesley représente un homme dont l'épouse essaya de contrôler la vie. Elle l'accusa sans fin d'avoir des liaisons avec diverses femmes qui lui écrivaient et le servaient. Elle savait que John Wesley, étant qui il était, haïrait totalement et même craindrait d'avoir cette réputation. Même si ces accusations semblent naturelles, voire légitimes, il est important de reconnaître la sorcellerie quand elle se manifeste.

Un jour, John Wesley, fondateur de l'église méthodiste, écrivit une lettre à sa femme. Ses mots révèlent la passion avec laquelle il demande à être libéré du pouvoir de sa femme qui le contrôlait avec ses accusations. Il supplie sa femme de lui permettre d'être contrôlé par Dieu et par sa propre conscience.

Lettre de John Wesley a sa femme

« Je t'aime encore, et je suis aussi éloigné de toute autre femme que je l'étais à ma naissance. Connais-moi et connais-toi enfin. Je ne peux être ton ennemi. Mais laisse-moi être ton ami ; arrête de me soupçonner. Arrête de me dénigrer. Arrête de me provoquer. Ne cherche plus à être le maitre, ne recherche plus le pouvoir, l'argent et la louange. Qu'il te suffise d'être une personne discrète et insignifiante, connue et aimée de Dieu et de moi-même. N'ESSAIE PLUS DE ME PRIVER DE LA LIBERTÉ À LAQUELLE J'AI DROIT DEVANT DIEU ET DEVANT LES HOMMES. LAISSE DIEU ET MA PROPRE CONSCIENCE ME DIRIGER. Alors je te dirigerai en douceur et te montrerai qu'en vérité je t'aime, comme Christ a aimé l'église ».

Il est clair que Dieu et notre conscience sont de meilleurs guides que la jalousie et la haine furieuses d'une femme. John Wesley ne quitta jamais sa femme. Il demeura marié à la même personne malgré les accusations cinglantes qu'il supportait. C'est la manifestation de la vraie vertu chrétienne dans sa plénitude et je l'honore pour cela.

Les faibles tombent sous les accusations

Les faibles ne réagissent pas aussi bien à ce genre de traitement. Je me souviens d'un frère qui était marié et avait vécu heureux plusieurs années avec sa femme. Après de nombreuses années, ce couple n'arrivait toujours pas à avoir d'enfant. Un peu plus tard, plusieurs situations houleuses surgirent et le frère décida de divorcer. Les événements prirent une mauvaise tournure.

Un jour, ce frère me dit quelque chose qui fit l'effet d'une bombe : « Ce n'est pas parce qu'on n'avait pas d'enfant que j'ai quitté ma femme, je l'ai quittée parce que je ne supportais plus les accusations ». Elle m'accusait constamment d'avoir une liaison avec une femme ou une autre. Elle croyait que j'essayais d'avoir un enfant en dehors de notre mariage ».

Il me décrivit comment elle l'accusait parfois d'avoir une liaison avec des personnes qu'il ne connaissait même pas. Elle l'a même accusé d'avoir une liaison avec une passante à un arrêt de bus, une femme avec laquelle il n'avait jamais parlé avant.

Les accusations séparent les couples, et ce couple se sépara à cause d'accusations incessantes. Plus elle l'accusait, plus ils se séparaient. Et plus ils se séparaient, plus elle l'accusait. Le jour vint où il partit.

Ce n'est pas une bonne raison de divorcer. Je donne juste cet exemple pour illustrer comment différentes personnes réagissent aux accusations. John Wesley survit aux accusa-tions et comprit ce qui lui arrivait. Mais des gens plus faibles ne survivent pas à la tempête ; ils s'affaiblissent sous l'attaque qui les assaille chaque jour.

Onzième but des accusations : vous faire peur

Satan veut vous remplir de peur. La peur est un mauvais esprit *qui devance* et *prépare la voie* à d'autres esprits impurs. Quand votre esprit est rempli de peur, il prépare en général la voie à d'autres mauvais esprits. C'est pourquoi je dis que la peur est un esprit *qui devance* et *prépare la voie* à d'autres esprits.

Un jour, un ministre expérimenté me rapporta quelque chose que sa femme lui avait dit. Il s'était disputé avec elle au sujet de diverses choses. Elle l'avertit de changer d'habitudes. Elle dit : « Continue d'avoir des liaisons avec ces filles. Tu perdras ton ministère ! ». Il était pasteur d'une grande église.

La peur l'empara et il se dit : « Perdre mon ministère ? » Miséricorde !

Il repassa très vite en pensée toutes les possibilités et il eut encore plus peur. Une fois que l'esprit de peur s'est emparé de vous, d'autres esprits peuvent s'insinuer en vous. Un jour, vous direz peut-être : « Ce que je craignais terriblement m'est arrivé ».

Ne permettez pas à la peur de préparer la voie pour que d'autres démons plus forts entrent dans votre vie.

Douzième but des accusations : affaiblir le ministre

Les accusations réduisent l'assurance et l'estime de soi. Cela affaiblit l'accusé. Un jour, un pasteur décida d'avoir une grande rencontre avec guérisons miraculeuses pendant trois jours. La puissance de Dieu était à l'œuvre et il servait la congrégation avec signes et merveilles. Quand il rentra chez lui le deuxième soir, après des œuvres puissantes, sa femme demanda à lui parler.

« Pendant que tu remplissais ton ministère, je n'aimais pas la façon dont tu imposais les mains sur certaines personnes », dit-elle.

« Il semble que tu imposais les mains plus longtemps sur certaines jeunes filles », ajouta-t-elle.

Le frère fut très surpris : « Quoi ? » bégaya-t-il.

« De quelles filles parles-tu ? », demanda-t-il.

Le frère expliqua : « Je n'ai jamais eu une telle intention et je ne comprends pas de quoi tu parles ».

Quoiqu'il en soit, le lendemain il devait continuer son service de miracles. Quand le moment vint pour lui d'imposer les mains, il ne savait pas quoi faire. Quand il sentait l'esprit le pousser à prier pour certaines personnes, il pensait à sa femme et à son regard sur lui.

Il était tellement intimidé qu'il pouvait à peine remplir son ministère. Il bredouilla quelques mots et conclut le service. Tel est le pouvoir de l'accusation : elle affaiblit et ôte l'assurance des forts.

Un autre frère qui avait une très bonne réputation dans l'église me raconta cette triste histoire. Quand il se maria, sa femme commença à l'accuser de porter de l'intérêt à d'autres membres de l'église.

Elle ne voulait pas qu'il entre en contact avec certaines personnes. Un jour, comme il en avait l'habitude, il dansa devant l'église avec un groupe d'autres chrétiens. Il avait fait cela plusieurs fois, mais maintenant elle prétendait qu'il dansait plus près de certaines sœurs. Elle en était convaincue. Elle croyait qu'il portait de l'intérêt aux filles qui dansaient.

Les larmes aux yeux, elle parla de la souffrance que son mari lui infligeait à cause de sa danse. « Mon cœur souffre », se lamentait-elle. « Je suis une femme, et je sais ce que je vois. Je ne dirais pas cela à moins d'une bonne raison ! »

Ce cher frère ne pouvait plus danser dans l'église. Chaque danse et chaque mouvement avait maintenant une mauvaise connotation.

Treizième but des accusations : vous tromper

La foi vient de ce que l'on entend et ce que l'on entend de la Parole de Dieu. Après avoir entendu quelque chose pour un temps, c'est difficile de ne pas y croire. Les gens tendent à croire ce qu'ils entendent, aussi absurde que cela paraisse. *Les accusations vous feront croire que vous êtes mauvais quand en fait vous êtes bon.* Le démon vous dira que les mauvaises personnes ne sont pas reçues dans certains endroits. Il vous demandera de vous séparer de la compagnie des saints et d'autres bonnes personnes. Satan essaiera de vous éloigner des lieux où Dieu vous a appelé.

Quand une bonne personne est sans cesse harcelée par des accusations, elle peut finir par être convaincue qu'elle est mauvaise. En médecine, on parle de *folie à deux*. Un bon exemple de *folie à deux* est l'histoire de ce couple : le mari accusa la femme jusqu'à ce qu'elle croit qu'elle était ce dont elle était accusée. Elle croyait en fait qu'elle faisait ce qu'elle ne faisait pas.

Dans un cas précis, le mari se plaignait que sa femme avait eu des liaisons avec de nombreux hommes durant tout leur mariage.

Il insistait que pendant un intervalle de deux semaines, elle avait eu une centaine de rapports sexuels avec d'autres hommes.

Sa femme elle-même était d'accord avec l'évaluation de son comportement, mais elle ne voulait pas parler de ses aventures, en disant qu'elle « bloquait » la mémoire de l'adultère. Elle déniait tout intérêt sexuel, mais disait qu'elle avait apparemment le besoin de sortir et de rechercher l'activité sexuelle malgré son manque d'intérêt.

La patiente avait été mariée depuis environ vingt-ans. Son mari était clairement le partenaire dominant du couple. Elle craignait ses fréquentes colères jalouses et apparemment, c'est lui qui suggéra qu'elle aille à l'hôpital pour être hypnotisée.

La patiente soutenait qu'elle ne pouvait pas expliquer pourquoi elle recherchait d'autres hommes, qu'en fait elle ne voulait vraiment pas faire ça. Son mari dit qu'il lui arrivait de la suivre, et quand il la trouvait, elle agissait comme si elle ne le connaissait pas. Elle confirma cela et croyait que c'était parce que les épisodes de promiscuité sexuelle étaient effacés par « l'amnésie ».

Quand le médecin indiqua qu'il remettait en question la réalité des aventures sexuelles de sa femme, le mari devint furieux et accusa le médecin et l'infirmier d'avoir des relations sexuelles avec elle.

Une thérapie prolongée ne permit pas de susciter la mémoire des périodes d'activités sexuelles. La patiente admit se souvenir d'avoir eu deux relations extra conjugales dans le passé : l'une vingt ans avant l'admission à l'hôpital et l'autre juste un an avant l'admission. Elle affirma que la dernière avait en fait été orchestrée par son mari et qu'il se trouvait alors dans la maison. Elle continuait de croire qu'elle avait en fait eu d'innombrables relations sexuelles, même si elle ne s'en souvenait que de deux.

Des psychiatres diagnostiquèrent son mari, le principal informateur, de jalousie délirante : il croyait que sa femme lui était sans cesse infidèle. *Apparemment, sous son influence, sa femme avait accepté cette croyance délirante, et elle expli-quait son absence de mémoire des événements en croyant qu'elle était « amnésique ».*

Son système délirant s'étant développé du fait de sa relation proche avec une autre personne qui souffrait déjà de délire (c'est-à-dire son mari), et le contenu de ses délires étant semblable à celui des délires de son mari, le diagnostique fut : désordre psychotique partagé, traditionnellement appelé *folie à deux*.

Comme vous le voyez, la folie est partagée à la fois par l'accusateur et l'accusé. Cette histoire vraie illustre le concept d'accusation menant à l'illusion. La foi vient de ce que l'on entend. Vient un temps où il faut faire taire l'accusateur et ne pas écouter les sottises que l'ennemi dit à votre sujet. Veillez à ne pas croire ce qui n'est pas vrai.

Cher pasteur, ne crois pas les mensonges et les accusations qui sont lancées contre toi. Tu es bon, tu es un honorable serviteur de Dieu. Même le fait que tu essaies de servir le Seigneur te rend honorable.

Quatorzième but des accusations : vous stéréotyper

Un stéréotype est un modèle ou une image qui se répète sans variation. Par l'accusation, Satan crée une image et il prétend qu'elle ne variera pas, *même dans votre cas*. Par exemple, il peut y avoir un stéréotype que tous les artisans sont des menteurs. Donc quand vous devenez artisan, on en déduit naturellement que vous devez être un menteur.

Un autre exemple de stéréotype est que tous les pasteurs ont des liaisons avec les membres de leur église. Un autre est que tous les patrons ont des liaisons avec leurs secrétaires. Un autre : tous les hommes politiques sont des voleurs et des menteurs. Et encore un autre : toutes les belles-mères sont méchantes.

Quand vous apparaissez sur la scène, le but de Satan est de vous stéréotyper. Il lui suffit de dire que vous êtes tel ou tel genre de stéréotype. Une fois que vous êtes associé à un stéréotype, il vous est difficile de vous défaire de cette image.

Quand vous deviendrez pasteur, vous vous battrez constamment contre le stéréotype selon lequel vous devez avoir des liaisons avec les membres de votre église.

Si vous devenez secrétaire, vous vous battrez constamment contre le stéréotype selon lequel vous devez avoir des liaisons avec vos patrons.

Si un jour vous devenez belle-mère, vous vous battrez contre le stéréotype selon lequel vous devez être méchante et sans cœur, sans amour ni pitié pour vos gendres et vos brus.

Quinzième but des accusations : détruire les relations

Un autre nom de « l'accusateur *des* frères » est « l'accusateur *au milieu des* frères ». Satan aime pénétrer notre douce amitié et nous amener à nous accuser l'un l'autre.

Soudain, la relation cordiale est rompue est chacun est contre l'autre. Méfiez-vous des gens qui signalent quelque chose de mauvais chez une personne ! L'esprit de l'accusateur est sur eux. Les accusations créent la méfiance entre ceux qui s'aiment. Le soupçon s'installe et chacun se prépare à la bagarre.

On trouve l'exemple classique dans la relation entre le roi David et les Ammonites : leur relation se transforma d'amitié en inimitié. David avait une excellente relation avec les Ammonites et avait l'intention qu'elle se poursuive ainsi. Il envoya un message de condoléances très bien intentionné au nouveau roi d'Ammon. Malheureusement, le nouveau roi interpréta faussement ce geste et accusa David de l'épier. Cette accusation mit fin à toutes les bonnes relations entre les deux nations.

À chaque fois qu'une bonne intention est mal interprétée et qu'on échange des accusations, l'amour se transforme en haine. *Des millions de relations tournent mal par ce cycle de bonnes intentions récompensées par des accusations.*

C'est ce que j'appelle le syndrome de David-Hanun.

Comment les meilleurs amis deviennent ennemis: le syndrome de David-Hanun

Et il arriva, après cela, que le roi des enfants d'Ammon mourut, et Hanun, son fils, régna à sa place.

Et David dit : Je montrerai de la bonté envers Hanun, le fils de Nahash, comme son père a fait preuve de bonté envers moi.

Et David envoya ses serviteurs POUR LE CONSOLER au sujet de son père ; et les serviteurs de David allèrent au pays des enfants d'Ammon.

Et les princes des enfants d'Ammon dirent à Hanun, leur seigneur : PENSES-TU QUE CE SOIT POUR HONORER TON PÈRE que David t'envoie des consolateurs ? N'est-ce pas plutôt pour reconnaître la ville, et pour l'épier, et la détruire, que David t'a envoyé ses serviteurs vers toi ?

C'est pourquoi Hanun prit les serviteurs de David, et leur fit raser la moitié de la barbe, et couper la moitié de leurs vêtements jusqu'à leurs fesses ; puis il les renvoya.

Quand on le rapporta à David, il envoya à leur rencontre, parce que les hommes étaient dans une grande honte ; et le roi dit : Attendez à Jéricho jusqu'à ce que votre barbe ait repoussé, et alors vous reviendrez.

Et quand les enfants d'Ammon virent qu'ils étaient devenus puants devant David, les enfants d'Ammon envoyèrent louer les Syriens de Bethrehob et les

Syriens de Zoba, vingt mille fantassins et mille hommes du roi de Maacah, et douze mille hommes de Ishtob.

Et lorsque David l'apprit, il envoya Joab et toute l'armée d'hommes puissants.

Et les enfants d'Ammon sortirent, et se rangèrent en bataille à l'entrée de la porte ; et les Syriens de Zoba, et de Rehob, et ceux de Ishtob et de Maacah, étaient à part dans la campagne.

Quand Joab vit que le front de la bataille était contre lui devant et derrière, il choisit des hommes d'élite d'entre tout Israël, et les déploya contre les Syriens.

2 Samuel 10 : 1-9

Les pasteurs bien intentionnés envers leur assemblée de fidèles sont brisés quand ils entendent de mauvaises accusations lancées contre eux-mêmes.

Les pasteurs plus anciens sont choqués quand ils découvrent que les pasteurs plus jeunes, envers qui ils étaient si bien intentionnés, les soupçonnent d'essayer de leur causer du tort. Leurs relations se détériorent rapidement et ils échangent des accusations. C'est ainsi que le syndrome de David-Hanun se répète.

L'église éclate en morceaux

Je me souviens d'une dénomination dont le fondateur mourut tragiquement. Il y avait beaucoup de tristesse et tous les pasteurs plus jeunes qui avaient travaillé sous sa supervision étaient en deuil. Les funérailles furent un grand événement et des milliers de personnes y assistèrent.

Ces pasteurs avaient travaillé ensemble pendant des années sous leur Évêque. Avec le temps, les pasteurs décidèrent d'établir une fondation pour aider la famille du défunt.

On collecta des milliers de dollars pour la famille du fondateur. Le dossier de la fondation était tenu secret et n'était pas partagé à un autre groupe de pasteurs. Pour une raison ou une autre, ils pensaient qu'on ne pouvait confier les détails à ces autres pasteurs.

Et c'est là que les accusations commencèrent. Un groupe en accusa un autre de tenir le dossier secret pour qu'il puisse voler l'argent. Un autre groupe accusa l'autre de les considérer trop insignifiants pour leur partager les affaires. Et un autre groupe dit que de toute façon ils n'avaient pas le droit de tenir le dossier secret.

Même si tout le monde commença avec de bonnes intentions pour venir aux besoins de la famille du fondateur, l'accusateur au milieu des frères divisa et dispersa tout le monde. Les pasteurs n'avaient que de bonnes intentions en essayant de mettre en place une fondation pour ce fondateur. Alors qu'ils essayaient de protéger l'argent et de s'assurer qu'il était bien utilisé, les accusations ne firent qu'augmenter et s'intensifier. Il va sans dire que la dénomination commença à se séparer en différents groupes.

Aujourd'hui, toute la dénomination est fragmentée et éclatée en petits morceaux. C'est l'œuvre de l'accusateur au milieu des frères. Les églises se divisent, les maris se montent contre leurs femmes et les femmes contre leurs maris, les groupes de femmes contre les groupes d'hommes ! Les membres des églises s'élèvent contre leurs pasteurs et les pasteurs contre d'autres pasteurs. Le syndrome de David-Hanun est totalement à l'œuvre dans les églises, les familles, les entreprises et les foyers. Entre-temps, tout le monde est bien intentionné et croit bien faire. Personne ne comprend pourquoi les choses ne vont pas bien et qu'il n'y a pas d'unité.

L'accusateur peut-il rompre une corde triple ?

[...] et la corde triple ne se rompt pas rapidement.
Ecclésiaste 4 : 12

Je me souviens d'une église qui était dirigée par un pasteur solide et deux assistants pareillement solides et doués. La direction de cette église était un bel exemple de triple corde. Ces trois ministres gardaient l'église de façon spectaculaire : ils prêchaient, enseignaient et dirigeaient les services en tandem, et ils donnaient un exemple formidable de partenariat et de travail d'équipe. Beaucoup de dirigeants d'églises admiraient le succès de ce trio oint.

Ils semblaient avoir toutes les clés de la productivité, de la magnanimité et de l'efficacité dans le ministère.

Ils utilisaient la clé des deux témoins : par la bouche de deux ou de trois témoins toute parole soit établie (Matthieu 18 : 16). Quand le dirigeant prêchait un message controversé, les assistants parlaient sur le même sujet mais en utilisant un autre passage de l'Écriture et donnant un autre titre à leur sermon. Ce message aussi fort résonnait dans toute l'église et leur parole était établie. Leurs sermons étaient vraiment comme des oracles de Dieu. Même ceux qui n'étaient pas de leur église étaient touchés par ce qu'ils disaient.

Ils utilisaient la clé de l'amour mutuel : ils étaient ensemble et avaient toutes choses en commun (Actes 2 : 44). Ce trio était comme des frères et leurs familles avaient d'étroites relations. Quand quelqu'un avait un enfant, les autres allaient lui rendre visite à l'hôpital et ils prenaient part aux événements.

Un jour, je discutais avec l'un d'entre eux. « Il y a des gens qui croient qu'ils peuvent nous diviser, mais ils ne le peuvent pas », me dit-il.

Il poursuivit : « Ils ne savent pas combien nous trois sommes proches. Vous savez de quoi on parle ? On partage tout, et on échange même sur nos vies sexuelles ».

Il rit d'un air désobligeant contre ceux qui essayaient de diviser leur forte équipe.

Ils utilisaient la clé de l'unité : Combien il est agréable pour des frères de demeurer unis ensemble (Psaume 133 : 1). Ce trio était uni sur tous les plans.

Un jour, un membre de ce trio puissant me rendit visite à la maison. Au cours de notre discussion, il me raconta comment un pasteur ennemi de leur église avait essayé de les diviser.

« Ce gars veut toujours rencontrer mon pasteur le plus ancien sans nous les deux autres plus jeunes. Il cherche toujours à le rencontrer et à lui parler à part. Il est jaloux de notre unité », me dit-il.

« Vraiment ? » répondis-je, « pourquoi ferait-il une chose pareille » ?

« Tu ne peux pas croire ce qu'il a dit l'autre jour » continua-t-il.

Je me souviens exactement de la place où il s'assit pour me raconter cette histoire.

Il dit : « Ce gars a eu l'audace de dire à notre pasteur plus ancien que Dieu lui avait accordé une révélation ».

« Et c'était quoi la révélation ? » lui demandai-je.

Il répondit : « Il dit à mon pasteur qu'il l'avait vu en esprit avec deux 'Goliaths'. Un 'Goliath' se tenait à sa droite et l'autre à sa gauche ».

« Qu'est-ce que ces 'Goliaths' faisaient ? » demandai-je.

« Il dit que Dieu lui avait montré que ces deux 'Goliaths' l'attaqueraient un jour et essaieraient de s'emparer de l'église ! »

« Incroyable » dis-je d'un air songeur. « Deux 'Goliaths' qui essaient de s'emparer de l'église ? »

« Donc qui sont ces deux 'Goliaths' ? » demandai-je.

« C'est nous deux les 'Goliaths' ! Moi et l'autre associé. Tu imagines ça ? Il nous appelle des 'Goliaths' » ! Et il dit qu'on va s'emparer de l'église ».

Ce pasteur trouvait absurde l'idée que quelqu'un puisse les imaginer divisés un jour. Qui pourrait séparer ce partenariat idéal entre deux assistants parfaits ?

Mais Satan observe attentivement toute équipe unie, en attendant l'occasion de devenir l'accusateur au milieu des frères. Selon lui, aucune équipe n'est inattaquable, aucun groupe n'est intouchable !

Quelques années seulement après cet incident, le parfait trio commença à se désintégrer sous nos yeux.

Ils se lançaient des accusations injurieuses. L' « accusateur au milieu des frères » avait pénétrer leurs rangs. Après des mois d'allégations acerbes et de contre-accusations, le parfait trio se sépara et chacun alla son chemin.

Chapitre 4

Les employés de l'accusateur

Satan voudrait pouvoir nous parler directement. Il voudrait pouvoir nous dire combien nous sommes mauvais et nous donner une description aussi vive que possible de nos péchés. Heureusement, il n'a pas cette possibilité, car nous opérons dans des sphères différentes. Satan est un esprit opérant dans la sphère spirituelle, and nous sommes des êtres humains opérant dans une sphère physique.

Les accusations sont très efficaces et Satan se fie fortement à elles. Il a donc besoin d'ouvriers pour délivrer ses messages immondes et dégradants. Il sait qu'il peut affaiblir, avilir, tromper et même contrôler les serviteurs de Dieu au moyen d'accusations. Il a désespérément besoin d'ouvriers dont il peut se servir comme ses porte-paroles. Il inondera les saints hommes de Dieu d'ordures immondes et abjectes par le biais de ces ouvriers. Ne devenez pas le porte-parole de Satan.

Satan veut déféquer et vomir sur les serviteurs de Dieu. Allez-vous être l'outil de Satan par lequel il inondera les bonnes gens de ses accusations avilissantes ?

N'acceptez jamais une offre d'emploi venant de Satan

N'acceptez pas cet emploi du diable. L'accusation est la marque déposée du diable. Je veux que vous appreniez une leçon de l'archange Michel, qui a refusé d'accuser même Satan. Pourquoi Michel refuserait-il d'accuser quelqu'un qui est un être mauvais invétéré et endurci ? Parce que ce n'est pas ainsi que Dieu opère. Dès que vous vous mettez à accuser quelqu'un, vous avez pris la relève après Satan et vous faites l'œuvre d'un démon !

Toutefois Michel l'archange, lorsqu'il s'affrontait avec le diable débattant au sujet du corps de Moïse,

n'osa pas porter contre lui d'accusation injurieuse, mais il dit : Que le Seigneur te réprouve.

Jude 9

Si même un ange a refusé d'accuser Satan, pourquoi choisiriez-vous d'accuser quelqu'un d'aussi bon que votre pasteur ? Pourquoi voudriez-vous accuser votre mari ou votre épouse ? Le mal présent dans votre mari ou votre épouse peut-il être comparé au mal présent dans Satan ? Alors pourquoi les accuser ? Priez pour eux et aimez-les.

Dieu seul peut changer un être humain ! Vous ne changerez pas quelqu'un positivement en l'accusant. Il peut être malmené pour un temps par vos accusations mais un jour il se rebellera.

« Ça suffit », dira-t-il. « À partir de maintenant, je vais choisir ma propre voie ». C'est ce que John Wesley dit à sa femme dans une lettre. *« N'essaie plus de me priver de la liberté à laquelle j'ai droit devant Dieu et devant les hommes. Laisse Dieu et ma propre conscience me diriger... »*

Qui sera le porte-parole de Satan et fera l'œuvre des démons ? Ce n'est pas n'importe qui qui peut faire cette œuvre d'accusations. Certains sont plus adaptés que d'autres. Certains sont en fait prédisposés à ce ministère qui consiste à montrer les gens du doigt ! Permettez-moi de vous donner des exemples du genre de personnes prédisposées à devenir des accusateurs.

Liste d'accusateurs potentiels

1. Les mauvais : On dit qu'il faut un voleur pour attraper un autre voleur. D'habitude, les gens mauvais savent comment le mauvais esprit procède. Les innocents n'ont pas la moindre idée de nombreux maux possibles. C'est quand vous êtes corrompus que certaines idées vous viennent à l'esprit.

J'entends parfois des gens en accuser d'autres de choses que je trouve absurdes. « Comment peuvent-ils penser à ça », me dis-je.

Et pourtant, certaines accusations s'avèrent justifiées. Souvent, ces idées viennent à l'esprit de certaines personnes en raison de leur expérience. Vous comprenez, quand vous aurez utilisé votre bureau pour voler des millions de dollars, vous saurez que les hommes politiques pourraient voler de grosses sommes d'argent. Vous ne trouverez pas bizarre de suggérer que quelqu'un puisse voler de telles sommes.

N'est-ce pas intéressant que ce soit Judas, le voleur, qui accuse Christ de ne pas se soucier des pauvres ? Telle est la façon de trouver les gens mauvais au milieu de vous. Ils semblent repérer le mal et accuser rapidement parce qu'ils sont mauvais eux-mêmes.

> **Alors l'un de ses disciples, Judas Iscariot, fils de Simon, celui qui devait le trahir, dit : Pourquoi ce baume n'a-t-il pas été vendu trois cents deniers, et donné aux pauvres ? Il disait cela, non qu'il se souciait des pauvres, mais parce qu'il était un voleur, et avait la bourse, et portait ce qu'on y mettait.**
>
> **Jean 12 : 4-6**

2. Les gens amers et impitoyables : ces gens ont beaucoup souffert. En conséquence, ils ne font confiance à personne et n'attendent rien de bon de personne. Certaines personnes qui ont eu de mauvaises relations deviennent les accusateurs les plus déchaînés de leurs futurs partenaires. Ils n'ont aucune confiance.

Des dirigeants africains ayant pillé les trésors de leurs nations, les Africains en général ne font pas confiance à leurs dirigeants. Les meilleurs d'entre eux font face à de nombreuses accusations sur leurs vies. Il est difficile de diriger une armée de gens qui vous soupçonnent et vous accusent.

> **Et David fut grandement angoissé, car le peuple parlait de le lapider ; parce que l'âme de tout le peuple était affligée, chacun à cause de ses fils et de ses filles ; mais David trouva courage dans le SEIGNEUR son Dieu.**
>
> **1 Samuel 30 : 6**

Remarquez que le peuple de David parlait de le lapider (de l'attaquer). Ces gens souffraient et étaient dans la peine. Ils étaient prêts à devenir des accusateurs.

3. Les inquiets et les jaloux : Ceux qui manquent d'assurance tendent à attaquer tout se qui se présente à eux.

Une chienne inquiète qui vient de mettre bas va attaquer tous ceux qui s'approchent de ses petits. Elle ressent une menace contre sa vie et celle de ses chiots.

Les pasteurs inquiets attaquent leurs assistants et les accusent de déloyauté et d'infidélité.

Les maris et les femmes inquiets accusent constamment leurs épouses et époux de porter un intérêt à d'autres personnes. Souvent, le mari ou la femme est jaloux de l'apparent bonheur de leur partenaire quand il est en compagnie d'autres personnes. Cela génère jalousie et insécurité.

Un chef d'état inquiet craint constamment d'être renversé. Il surveille sans cesse les gens et accuse ceux qui l'entourent. Il peut de temps en temps exécuter des membres de son gouvernement pour empêcher la rébellion de se développer.

Un pasteur fut transféré, et pour la première fois, il devait diriger l'église et entretenir des rapports avec toutes sortes de gens. Un jour, sa femme piqua une crise et l'accusa d'être amoureux avec celle qui dirigeait les services. Ce pasteur fut si choqué de l'accusation qu'il eut presque une crise. Mais sa femme ne voulait pas céder.

À l'improviste, elle lui demanda : « dis-moi, est-ce que tu es amoureux d'elle » Elle continua : « Allez, avoue, est-ce que tu l'aimes ? Je veux que tu me répondes maintenant ! »

Son mari était déconcerté, mais elle poursuivi sa confrontation.

« Tu devrais voir la façon dont tu la regardes ! » dit-elle.

Elle enfonça le clou : « Tu devrais entendre la façon dont tu lui parles au téléphone ».

Un jour, elle lui dit : « Je sais que tu as une relation avec une femme mariée et tu sais de quoi je parle ».

Elle était convaincue qu'il aimait cette femme. Tristement, cet emportement marqua un déclin capital dans le mariage de ce ministre. Tous les effets négatifs de l'accusation se déployèrent dans leur mariage qui avait été paisible jusqu'à ce point.

C'est ainsi que l'insécurité devient un problème chez les couples. Dans le ministère, des hommes honorables sont parfois accusés en privé par leurs femmes inquiètes. Je ne vous blâme pas si vous ne comprenez pas ces exemples.

Les Pharisiens étaient inquiets parce que Jésus avait énormément de disciples. Ils cherchaient à le détruire parce qu'Il menaçait leur existence-même. Même Pilate a discerné leurs insécurités et leurs accusations jalouses.

> **Mais Pilate répondit, disant : Voulez-vous que je vous relâche le Roi des Juifs ?**
>
> **Car il savait que les principaux prêtres l'avaient livré par envie.**
>
> **Marc 15 : 9-10**

4. Les craintifs : un bon exemple d'une personne accusatrice est le serviteur qui reçut un talent. Il accusa son maître d'être un homme dur qui moissonne ce qu'il n'a pas semé.

Cependant, la racine de ces accusations fut révélée quand il dit : « J'AI EU PEUR et j'ai caché le talent dans la terre ». Son esprit craintif le fit attaquer son maître avec des accusations.

> **Puis celui qui n'avait reçu qu'un talent, vint et dit : Seigneur, je savais que tu es un homme dur, moissonnant où tu n'as pas semé, et recueillant où tu n'as pas répandu ;**
>
> **J'AI EU PEUR, et je suis allé et j'ai caché ton talent dans la terre ; voici, tu as ce qui est à toi.**
>
> **Matthieu 25 : 24-25**

Ces gens cultivent un esprit de peur. De telles personnes ont peur de nombreux maux possibles. Elles s'attendent constamment au pire. Ces gens tendent à accuser ceux qui les entourent de quelque chose de très mauvais. Ils peuvent accuser leurs meilleurs ouvriers et les plus honnêtes de voler. Ils peuvent accuser leurs époux ou leurs épouses d'avoir des relations. Les peurs intenses qui habitent leurs cœurs se manifestent par des accusations.

5. Les haineux : « Mais cela arrive afin que la parole qui est écrite dans leur loi puisse être accomplie : Ils m'ont haï sans cause ». (Jean 15 : 25).

Les accusations sont des manifestations de la haine. Satan se sert de personnes qui vous haïssent pour vous accuser. Votre accusateur est celui qui vous hait le plus. La haine que les hommes politiques ont les uns pour les autres se manifeste par les accusations qu'ils se lancent mutuellement. *S'il vous plaît, ne dites pas que vous aimez quelqu'un que vous accusez ! Vous ne l'aimez pas !* Vous le haïssez parce que vous haïssez celui que vous accusez !

6. Les sorcières : une personne ayant un esprit qui peut vous contrôler est une sorcière. Les accusations harcèlent et menacent les serviteurs de Dieu. Ce sont les meilleurs outils pour contrôler des gens très biens.

Une sorcière est quelqu'un qui se rend compte qu'elle a le pouvoir de mener les gens par le bout du nez. Elle contrôle les gens et leur fait faire des choses qu'ils n'auraient pas faites d'eux-mêmes. Elle exerce ce pouvoir par des accusations incessantes.

Un ministre se plaignait de ne plus se sentir libre chez lui. La sorcellerie avait changé son comportement familial ! Il me raconta qu'il devait constamment cacher son téléphone pour que sa femme ne le trouve pas ; elle y cherchait des textos compromettants et des preuves de messages téléphoniques douteux.

Il finit par devenir un fugitif dans sa propre maison, courant pour répondre à des appels en cachette et se précipitant pour s'assurer que son téléphone ne pouvait pas être inspecté.

Cette sorcellerie avait contrôlé et transformé un mari normal en homme au comportement bizarre qui vivait sur des charbons ardents dans sa propre maison. Un jour, un ami vivant avec lui remarqua comme il était tendu quand il se servait du téléphone et lui demanda : « Il y a quelque chose qui va pas ? »

« Ma femme m'accuse de toutes sortes d'allégations. L'autre soir elle m'accusa d'avoir une liaison avec quelqu'un », répondit-il.

Elle m'affronta et me dit : « est-ce que tu ne peux pas laisser cette fille tranquille ? »

Elle continua de m'accuser : « Dès que tu te réveilles tu lui parles, et elle est la dernière personne à qui tu parles avant de te coucher ».

« Je ne porte aucun intérêt à cette fille et Dieu connaît mon cœur. Je n'ai jamais rien eu à voir avec aucune femme et Dieu connaît mon cœur », se lamenta-t-il.

Cette femme essayait de contrôler la vie de son mari, ses relations, et même son usage du téléphone. Par des accusa-tions qui semblaient horribles, elle essayait de le dissuader de parler aux gens ou de les appeler au téléphone. Il faut être fort pour percevoir la vérité sous ces accusations et ne pas être troublé.

Jézabel envoya un message terrifiant à Élie lui annonçant comment elle allait le tuer. C'était une forme d'accusation. Élie était menacé pour la vie des quatre cents prophètes de Baal qui avaient péri sous son ministère.

Jézabel, surnommée la « sorcière » dans la Bible, harcela l'homme de Dieu de son temps.

Et Jézabel envoya un messager vers Élie, disant : Ainsi me fassent les dieux, et plus aussi, si demain à cette heure je ne fasse de ta vie comme la vie de l'un d'eux.

1 Rois 19 : 2

Elle contrôla son mari avec ses mots et ses actions :

Et Jézabel, sa femme, lui dit : GOUVERNES-TU MAINTENANT LE ROYAUME D'ISRAËL ? Lève-toi, et mange du pain, et que ton cœur soit heureux je te donnerai la vigne de Naboth, le Yizréelite.

1 Rois 21 : 7

7. **Les ingrats :** Ceux qui ne sont pas reconnaissants pour ce qu'ils ont reçu font souvent preuve de peu de retenue quand ils attaquent des êtres chers.

« Je ne te dois rien », disent-ils. Les Israélites accusèrent Moïse d'essayer de les tuer. Ils ne lui étaient pas reconnaissants de les avoir délivrés d'Égypte. Si vous êtes reconnaissants pour les privilèges que vous avez reçus à travers certaines personnes, vous ne voudrez jamais que votre bouche serve à les inonder de vomis et de propos immondes.

D'après mon expérience, je trouve que les accusateurs sont souvent des ingrats à la mémoire courte ; ils ne comprennent pas combien Dieu fut bon à leur égard à travers certaines personnes.

Ils voulaient par exemple lapider Jésus (une forme physique d'accusation) sans raison.

Et Jésus leur répondit : Je vous ai fait voir beaucoup de bonnes œuvres de la part de mon Père ; pour laquelle de ces œuvres me lapidez-vous ?

Jean 10 : 32

8. **Les oublieux :** Les fils d'Israël oublièrent combien ils avaient souffert comme esclaves. Ils oublièrent leur expérience de la traversée de la mer Rouge. Ils oublièrent comment les armées de Pharaon s'étaient noyées dans la mer Rouge. Ils oublièrent

comment Moïse avait adouci les eaux amères. Ils oublièrent la manne qui était descendue du Ciel. Ils oublièrent la colonne de nuée le jour et la colonne de feu la nuit. Ils oublièrent combien d'or ils avaient emporté d'Égypte. Et du coup ils se plaignaient et accusaient Moïse de nombreuses fautes incroyables y compris des intentions mauvaises, le meurtre et le génocide (avoir tué de grands groupes de personnes).

> **Ils OUBLIÈRENT Dieu, leur sauveur, qui avait fait de grandes choses en Égypte,**
>
> **Des œuvres merveilleuses dans le pays de Ham, et de terribles choses près de la mer Rouge.**
>
> **C'est pourquoi il a dit qu'il les aurait détruits, si Moïse, qu'il avait choisi, ne s'était pas tenu devant lui à la brèche, pour détourner sa colère, sans quoi il les aurait détruits.**
>
> **Oui, ils méprisèrent la terre agréable ; ils ne crurent pas sa parole. MAIS MURMURÈRENT dans leurs tentes, et n'écoutèrent pas la voix du SEIGNEUR.**
>
> **Psaumes 106 : 21-25**

9. **Les gens au cœur de pierre :** Les gens au cœur endurci n'arrivent pas à croire en la grâce de Dieu.

Ils ne croient pas à l'amour de Dieu. Ils n'arrivent pas à pardonner. Ils n'arrivent pas à croire qu'il peut y avoir quelque chose de bon chez quelqu'un qui a commis une erreur. Ils ne peuvent pas recevoir de conseils. Ils ne peuvent s'empêcher d'attaquer les pères, les pasteurs et les figures d'autorité. Leurs cœurs sont endurcis. Ce sont de parfaits instruments dont le diable peut se servir comme accusateurs.

10. **Une personne au caractère mélancolique :** « [...] Si tu ôtes du milieu de toi le joug, ainsi que LE DOIGT LEVÉ, et les paroles vaines » (Ésaïe 58 : 9).

Les mélancoliques sont des perfectionnistes. Ils ressentent facilement que les gens sont sortis du rang. Ils ont leurs propres règles de vie et attendent des gens qu'ils soient à la hauteur de leurs propres normes. Avec une telle personnalité, il est facile de trouver le mal dans de nombreuses choses et de les pointer du doigt. Pointer du doigt les faiblesses des autres se transforme souvent en véritables accusations. Prenez garde à ne pas devenir le doigt accusateur de l'église.

11. Une personne au caractère flegmatique : les flegmatiques sont perçus comme des gens bons et calmes qui évitent les ennuis. Un flegmatique pas touché par la Parole est habituellement quelqu'un de très paresseux.

Ces chrétiens flegmatiques sont donc souvent des gens bien-pensants, parfaits à leurs propres yeux. De telles personnes remarquent vite quand d'autres ne répondent pas à ce qu'on attend d'eux. Ils peuvent être enclins à juger et à accuser.

Le serviteur qui accuse son maître d'être dur *est un lent et un paresseux*, peut-être un flegmatique.

> **Son seigneur répondit et lui dit : Pernicieux et PARESSEUX serviteur, tu savais que je moissonne où je n'ai pas semé, et que je recueille où je n'ai pas répandu ;**
>
> **Matthieu 25 : 26**

12. Les déloyaux : Souvent, quand quelqu'un se tourne contre son père sans raison, il devient un accusateur. Il a souvent besoin de se justifier devant les autres pour la position qu'il a prise.

Les ministres qui se sont tournés contre moi sans raison m'ont souvent injurié de séries d'accusations. J'ai une longue liste des diverses choses dont ils m'ont accusé. On m'a accusé de quasi tous les maux sous le soleil. Méfiez-vous des déloyaux ! Ce sont les accusateurs de première classe que Satan utilise pour empoisonner l'église.

Absalom, le fils déloyal qui essaya de tuer son père, l'accusa auprès d'étrangers. Il accusa son père de négligence et de mauvaise gestion du royaume.

Et Absalom se levait de bonne heure, et se tenait au bord du chemin de la porte ; et il fut ainsi, quand tout homme qui avait une controverse, il allait vers le roi pour en avoir jugement, puis Absalom l'appelait et disait : De quelle ville es-tu ? Et il disait : Ton serviteur est de l'une des tribus d'Israël,

Et Absalom lui disait : Vois, tes affaires sont bonnes et droites ; mais il n'y a personne de la part du roi pour t'entendre.

Absalom disait en plus : Oh que ne m'établit-on juge dans le pays, afin que tout homme qui aurait un procès ou une cause puisse venir vers moi, et je lui ferais justice !

2 Samuel 15 : 2-4

13. Vos ennemis : L'accusation est la langue de votre ennemi. Je détecte la présence d'un ennemi à la moindre nuance de soupçon ou d'accusation.

Au parlement, les partis ennemis s'accusent les uns les autres de différents maux car ce sont des ennemis politiques.

Quand des époux ne s'aiment pas mais sont ennemis. Ils s'accusent mutuellement même de choses imaginaires. Ne pensez pas que vous aimez votre femme si vous l'accusez ! Vous n'aimez pas votre mari si vous l'accusez de diverses choses. L'accusation est la langue de l'ennemi, pas de l'ami.

Cela m'étonne que des ministres aiment être interviewés par des journalistes qui les accusent de maux divers. Ils ne se rendent pas compte qu'ils sont en compagnie d'un ennemi. Vous ne pouvez jamais vous justifier totalement aux yeux de votre ennemi. Il vous hait et veut vous voir détruit.

Jésus ne prenait pas la peine de répondre aux interviews des hommes mauvais. Il pouvait parler des heures à Ses disciples, mais en présence d'accusateurs, Il revêtait la tunique de justice, il refusait de parler et ne disait rien.

Et lorsqu'Il fut accusé par les chefs des prêtres et les anciens, Il ne répondit rien.

Alors Pilate lui dit : N'entends-tu pas combien de choses ils déposent en témoignage contre toi ?

Et *Il ne lui répondit pas un mot* ; de sorte que le gouverneur s'en étonnait grandement.

Matthieu 27 : 12-14

14. Ceux qui ont quelque chose à cacher : Souvent les gens cachent leur propre péché en étant les premiers à attaquer ! Ils mènent bataille jusqu'à la porte de l'ennemi en étant les premiers à attaquer. Observez bien les accusateurs. Ce sont souvent des hommes mauvais avec beaucoup de choses à cacher. L'auteur de l'accusation est le diable. Dieu n'accuse personne. Cela veut dire que celui qui est véritablement juste et saint n'accuse pas.

N'est-ce pas ironique qu'Achab accuse Élie de troubler Israël ? Qui cause plus de trouble en Israël qu'Achab ? Et pourtant cette personne-même a l'audace d'accuser Élie de troubler Israël.

Et il arriva que, quand Achab vit Élie, il lui dit : Es-tu celui qui trouble Israël ?

Et il répondit : JE N'AI PAS troublé Israël ; mais C'EST TOI et la maison de ton père, en ce que vous avez abandonné les commandements du SEIGNEUR, et que tu as suivi les Baalim.

1 Rois 18 : 17-18

15. Ceux qui ne sont pas bien dans leur tête : Ceux qui sont psychologiquement instables souffrent de délire. Un des principaux symptômes de la folie est le délire.

Quand quelqu'un délire, il croit des choses qui ne sont pas vraies malgré la preuve du contraire. Il accuse souvent l'autre parti de délits divers qui ne sont pas vrais. Observez attentivement tout accusateur. Il peut souffrir d'un problème mental qui requiert des soins médicaux.

Chapitre 5

Les accusatrices

Tout homme de Dieu doit faire face à divers maux et problèmes. Certains ont affaire à des femmes puissantes et accusatrices qui ont la capacité de les empêcher d'avancer.

Malheureusement, on parle rarement de ce sujet parce que peu d'hommes de Dieu sont prêts à révéler ce par quoi ils passent chez eux. Après tout, chaque pasteur est censé avoir un mariage béat et une existence heureuse avec sa très belle épouse bien choisie.

C'est rare qu'un homme de Dieu parle de ses difficultés et de ses expériences personnelles. Outre ses rares aperçus, on n'a pratiquement aucune idée des défis auxquels certains ministres sont affrontés. Il est donc nécessaire de lire entre les lignes et de trouver enseignement et encouragement chez ceux qui font l'expérience de tentations semblables.

Les serviteurs de Dieu doivent ouvrir les yeux pour voir et les oreilles pour entendre. Comme le dit Ésaïe, de nombreux serviteurs de Dieu sont aveugles et sourds. Ils ne savent tout simplement pas interpréter les messages voilés délivrés par les hommes de Dieu.

> **Qui est aveugle sinon Mon serviteur et sourd comme Mon messager que j'ai envoyé ? Qui est aveugle comme celui qui est parfait, et aveugle comme le serviteur du SEIGNEUR ?**
> **Voyant beaucoup de choses, mais tu ne remarques pas ; ouvrant les oreilles, mais il n'entend pas.**
>
> **Ésaïe 42 : 19-20**

Nos personnes préférées mises au défi

Job

Beaucoup de nos personnes préférées dans la Bible ont été mises au défi par des accusatrices. Nous avons quelques aperçus qui révèlent les défis auxquels certaines de nos personnes préférées ont été affrontées. La plupart de ces hommes réagissent catégoriquement contre le mal qui vient à eux par le biais de femmes. La femme de Job, par exemple, le poussa vers la damnation. Écoutez-la :

Et sa femme lui dit : Persévéreras-tu encore dans ton intégrité ? Maudis Dieu, et meurs.

Job 2 : 9

Mais Job réagit instantanément et réprimanda sa femme. Il servit Dieu et ne voulut rien entendre de ses bêtises. Il dit à sa femme :

[...] Mais il lui dit : Tu parles comme les femmes insensées parlent. Quoi ? Recevrions-nous le bien de la main de Dieu, et nous ne recevrions pas le mal ? En tout cela, Job ne pécha pas par ses lèvres.

Job 2 : 10

Moïse

Un autre de nos hommes préférés est Moïse. Vous pourriez penser que Moïse avait une vie tranquille en conduisant le peuple de Dieu par de nombreux miracles. Mais Miriam, sa sœur, n'était pas impressionnée. Elle se dressa avec une langue accusatrice et l'accusa d'avoir épousé la mauvaise personne.

Et Miriam et Aaron parlèrent contre Moïse, à cause de la femme éthiopienne avec laquelle il était marié ; car il était marié à une femme éthiopienne.

Nombres 12 : 1

Elle n'était ni impressionnée par le succès de Moïse à la mer Rouge ni par ses accomplissements au désert. Elle lui fit face carrément et le remit en question sur sa vie privée. Moise trembla face aux accusations de Miriam. Mais Dieu intervint et la frappa de lèpre. Dieu ne semblait pas inquiet de ce dont Miriam se plaignait. C'est ce que Dieu dit qui importe. Quelque soit la question que votre femme ou toute femme soulève, n'oubliez jamais qu'elle n'est pas Dieu et qu'elle n'est pas un dieu ! Dieu est toujours Dieu et c'est Son opinion qui compte.

> **[...] Pourquoi donc n'avez-vous pas craint de parler contre mon serviteur, contre Moïse ? Ainsi le courroux du SEIGNEUR s'embrasa contre eux ; et il s'en alla.**
>
> **Nombres 12 : 8-9**

David

Le Roi David avait gagné de grandes victoires dans de nombreuses batailles. Mais sa femme Michal n'était pas impressionnée par ce qui impressionnait les étrangers. Elle connaissait trop bien David pour se laisser duper par les foules qui chantaient ses louanges. Elle savait que David avait tué Goliath, mais ça n'avait pas d'importance. Elle savait que David était l'oint, mais elle n'était pas impressionnée.

La seule chose à laquelle elle pensait était comment David était découvert devant les filles de la communauté qui pouffaient de rire.

> **Puis David retourna pour bénir sa maison. Et Michal la fille de Saul, vint à la rencontre de David, et dit : Combien s'est glorifié aujourd'hui le roi d'Israël, qui s'est découvert aujourd'hui aux yeux des femmes de chambre de ses serviteurs, comme se découvrirait un de ces vaniteux individus sans en avoir honte !**
>
> **2 Samuel 6 : 20**

Mais David réagit de façon catégorique. Il n'était pas d'accord avec Michal. « Je ne me suis pas montré en spectacle devant ces filles d'église ! Je refuse ce commentaire ! Je ne peux accepter ce genre de discours dans ma maison ! Ne décris plus jamais mon service comme si je me découvrais devant de petites filles qui seraient amoureuses de moi ! Mon esprit était et est toujours fixé sur Dieu ! » Et s'en fut fini pour Michal !

Et s'en serait aussi fini pour de nombreuses épouses de ministres de l'Évangile si ces derniers réagissaient aussi catégoriquement aux accusations.

David était tellement en colère qu'il dit qu'il continuerait de danser et de jouer devant le Seigneur : « Je ferai plus et j'irai jusqu'où je veux ! » Il ajouta : « Je suis libre de servir Dieu et je refuse d'être contrôlé par toi. Tu n'es pas Dieu et je ne t'obéirai pas ! J'obéirai au Dieu que j'aime ! » Pouvez-vous imaginer si David avait été limité dans son service ? Que serait-il arrivé s'il avait suivi les recommandations déformées et bornées de Michal ?

Et David dit à Michal : C'était devant le SEIGNEUR, lequel m'a choisi plutôt que ton père et que toute sa maison, m'établissant pour régir sur le peuple du SEIGNEUR, sur Israël, c'est pourquoi je me réjouirai devant le SEIGNEUR.

Et je me rendrai encore plus vil que cela, et je serai abaissé à mes yeux ; mais auprès des femmes de chambre dont tu as parlé, je serai en honneur.

C'est pourquoi Michal la fille de Saul, n'eut pas d'enfants jusqu'au jour de sa mort.

2 Samuel 6 : 21-23

Élie et Jean le Baptiste

Élie eut un conflit de longue durée avec le Roi Achab. Après un temps, il découvrit qu'il avait en fait affaire à une femme qui s'appelait Jézabel. C'était la sorcière qui le combattait en coulisses. Naboth découvrit aussi qu'il se battait contre Jézabel et pas contre son mari Achab. Naboth perdit en fait la vie parce que Jézabel était impliquée dans le cas de la vigne.

Et Jézabel, sa femme, lui dit : Gouvernes-tu maintenant le royaume d'Israël ? Lève-toi, et mange du pain, et que ton cœur soit heureux je te donnerai la vigne de Naboth, le Yizréelite.

1 Rois 21 : 7

Après avoir manipulé Achab en coulisses, elle menaça Élie ouvertement et directement.

Et Jézabel envoya un messager vers Élie, disant : Ainsi me fassent les dieux, et plus aussi, si demain à cette heure je ne fasse de ta vie comme la vie de l'un d'eux.

1 Rois 19 : 2

Étapes pour devenir une Jézabel

Les femmes ne deviennent pas des Jézabels du jour au lendemain. Elles passent par sept phases, qu'elles doivent reconnaître si elles veulent réagir à cette tendance. Une femme spirituelle peut détecter, admettre et confesser ces tendances avant qu'elles ne l'emportent sur toutes leurs vertus chrétiennes.

Phase 1 : **Elle implique que les femmes aient ce que j'appelle des coups d'agacement à la vue ou en présence de certaines personnes.**

C'est un genre de mécontentement ou même de malaise en présence de quelqu'un. Quand une telle personne entre, vous n'êtes plus à l'aise.

Phase 2 : **C'est l'état dans lequel la femme refuse la présence de certaines personnes.**

Ces personnes ne devraient pas être à proximité. Elles ne devraient pas être dans l'environnement ou l'endroit où elles se trouvent, que ce soit la maison, le travail, l'église, un petit groupe, etc. Dans la seconde phase, la femme prend des mesures actives pour éviter de se trouver avec ou près de l'autre personne. Si elle a quelque pouvoir, elle l'utilise pour s'assurer que l'autre personne est gardée hors de vue.

Phase 3 : C'est quand la femme n'a rien de positif à dire au sujet d'une autre femme.

Elle ne voit rien de bon ni de positif dans l'autre. Par exemple, quelqu'un peut dire : « Cette femme chante très bien ! »

Mais la femme dans la troisième phase dira que ce sont les musiciens qui font que la chanson soit belle. Un autre exemple : quand quelqu'un fait un commentaire sur la beauté de la présentatrice du journal, la personne dans la phase trois va répliquer que ce sont les costumes gratuits et les maquilleurs qui la rendent jolie !

Quelqu'un peut aussi dire : « Cette femme a été promue parce qu'elle a beaucoup travaillé ». Mais la femme en phase trois va riposter que le patron l'aime, et que c'est pour ça qu'elle semble si bien travailler. D'une façon ou d'une autre, une personne dans la troisième phase ne prononce jamais de commentaire positif au sujet d'une autre femme.

Phase 4 : C'est quand des remarques négatives sont faites au sujet de la personne indésirable.

Au début, il n'y avait rien de positif à dire, mais maintenant il y a beaucoup de choses négatives à signaler. On se plaint souvent du comportement ou de l'attitude de la personne. Le mécontentement et l'aversion sont ouvertement exprimés!

Phase 5 : C'est quand il y a des affrontements entre les deux femmes : des confrontations non justifiées, des conflits et des querelles.

Il n'y a pas de fin à la discorde entre ces femmes. Souvent, peu de choses expliquent les affrontements, et la poursuite du conflit semble inévitable.

Chacune blâme l'autre pour sa mauvaise attitude. Elles s'accusent aussi mutuellement de ne pas parler ni de partager ouvertement certaines choses, en raison du mauvais esprit de l'autre parti. Habituellement, les deux femmes prétendent qu'elles ont de bonnes relations avec tous les autres et qu'elles ne sont pas du genre à se quereller. C'est ce que chacune donne comme preuve qu'il n'y a rien à redire à son sujet, mais que le problème principal est la sorcière qui est dans l'autre femme. Les affrontements prennent parfois la forme de silence ou de réserve exagérée.

Phase 6 : C'est la phase de la haine et de l'élimination.

Une femme voudrait se débarrasser de l'autre et elle utilise tous ses pouvoirs à cet effet. Si elle en a le pouvoir, elle élimine, supprime et met fin à la personne indésirable. Dans certain cas, on en arrive même au meurtre. La phase de l'élimination explique le renouvellement fréquent des domestiques qui travaillent plus directement avec ces femmes.

Phase 7 : C'est la phase du délire.

Une femme qui est passée par ces phases sans être contenue par la Parole de Dieu se dirige dangereusement vers le délire, la folie et l'utilisation arbitraire de tout pouvoir qu'elle a. Une telle personne est pleine d'accusations contre l'autre parti et on ne peut la convaincre de rien allant à l'encontre de ce qu'elle croit.

Le combattre en secret

Les femmes puissantes souffrant de délire sont capables de se battre contre les hommes les plus saints qui aient jamais existé. Y eut-il un homme plus saint qu'Élie ou Jean le Baptiste ? Et pourtant Jézabel, et sa sœur du Nouveau Testament, la femme d'Hérode, ont combattu les saints serviteurs de Dieu. Jézabel et sa sœur spirituelle, la femme d'Hérode, sont des exemples classiques de femmes totalement en prise au délire qui mettent à exécution le mal présent en elles. Elles suivent leur délire jusqu'à leurs conclusions logiques.

Ces femmes puissantes ont un secret, qu'elles déploient contre les serviteurs de Dieu.

Le secret de ces femmes puissantes et accusatrices, c'est qu'elles attaquent ces saints hommes en secret et quand ils sont seuls.

Élie fut informé qu'il était le seul homme d'Israël qui allait mourir dans les vingt-quatre heures. Pouvez-vous imaginez ce qu'il ressentit ? Toute la machinerie du gouvernement avait été orchestrée pour éliminer un humble prophète qui habitait au désert.

Élie fut terrifié et s'enfuit pour sauver sa vie ! Jézabel était plus puissante que les quatre cents faux prophètes tous réunis. Elle mit Élie en fuite. Élie dut faire appel à l'expérience qu'il pouvait avoir du cross ou due marathon pour sauver sa vie. Même son serviteur ne réussit pas à courir aussi vite que lui et il l'abandonna à Beersheba.

C'est exactement ce qui arriva à Jean le Baptiste suite aux intrigues de la femme d'Hérode. Il était seul dans sa cellule de prison quand il entendit des pas. Deux hommes apparurent avec un grand plateau et le couteau le plus aiguisé de tout Israël.

Mis au cachot et tout seul, il hurla et cria : « Ça n'a pas de sens ! Je n'ai rien fait de mal. J'ai seulement aidé à restaurer la mentalité et à réduire la corruption de la ville ».

Mais ils ne voulurent rien entendre. Après tout, ils étaient seuls avec Jean le Baptiste. Il ne pouvait rien faire et personne ne pouvait lui venir en aide dans ce lieu retiré et secret. Ils lui scièrent la tête, coupant lentement les muscles du cou, la trachée, la carotide et séparant finalement les vertèbres cervicales jusqu'à ce que Jean le Baptiste soit bel et bien décapité. Quel spectacle dégoutant, avec le sang de Jean le Baptiste giclant de son corps décapité sur ses vêtements et sur les Écritures qu'il était en train de lire, pour préparer le prochain sermon qu'il comptait donner deux semaines pus tard !

Cet homme de Dieu fut attaqué quand il était seul et où personne ne pouvait lui venir en aide ! Personne ne pouvait comprendre ce qui était arrivé à Jean le Baptiste. Tout le monde en ville était heureux et il y avait une fête à l'étage dans le château. On chantait et on dansait, parce que c'était l'anniversaire de la fille du roi. Personne ne pouvait comprendre ou saisir les problèmes de Jean le Baptiste en un tel jour de fête. C'en est ainsi avec les hommes de Dieu. Personne ne comprend vraiment ce qui leur arrive en cachette et dans les lieux secrets où peu s'aventurent.

Jésus dit que parmi ceux qui sont nés de femme, il n'en a pas été suscité de plus grand que Jean le Baptiste. Et pourtant une femme l'a attaqué en secret et mis à mort. Cher ministre, vous n'êtes pas plus grand que Jean le Baptiste ou Élie.

Ces histoires ont pour but de vous encourager à poursuivre la lutte et de vous aider à comprendre que des gens plus grands que vous ont eu à lutter dans leur ministère contre le pouvoir de femmes accusatrices et menaçantes.

Malheureusement, tous n'ont pas survécu. Mais nous nous consolons du fait que la volonté de Dieu est toujours faite. Il y a un passage de l'Écriture que j'aime ; il me donne l'assurance que la volonté de Dieu est accomplie à la fin de la journée.

> **Le SEIGNEUR des armées a juré, disant : Certainement, comme je l'ai pensé, ainsi il arrivera, et comme j'ai décidé, ainsi il tiendra.**
>
> **Ésaïe 14 : 24**

John Wesley dans le cachot ?

John Wesley est le grand fondateur et le leader de l'église méthodiste. Sa vie et son ministère furent tourmentées par le problème d'une femme accusatrice et menaçante. Il ne l'a bien sûr jamais avoué, parce que c'était un problème personnel. Il a fait face à ce problème tout seul en privé dans sa chambre. Il a souffert du désarroi assaillant d'un homme de Dieu qui doit aimer sa femme querelleuse et en même temps remplir son ministère.

À notre connaissance, il n'a laissé ni commentaire ni livre où il parle de ses problèmes. Cependant, un aperçu du cachot nous est donné dans une longue lettre qu'il écrivit à sa femme. Elle est révélatrice et chaque phrase de cette lettre résume son expérience du cachot. Sa femme s'appelait Molly, et voici une lettre qu'il lui écrivit.

Coleford, le 23 octobre 1759

Chère Molly,

Je vais te dire purement et simplement ce que je n'aime pas. Si tu les élimines, très bien. Sinon, j'en reste au même point.

1. Je n'aime pas que tu montres mes lettres ou mes documents personnels sans ma permission. Cela n'a jamais rien produit de bon, ni à toi ni à moi ni à personne. Ça ne fait qu'exacerber ton propre esprit et te rendre plus amère. Et cela a naturellement le même effet sur les autres. Cela aurait aussi le même effet sur moi, mais par la grâce de Dieu, je n'y pense pas. Cela ne peut rien donner de bon. Cela ne peut jamais me rapprocher, cela ne peut en fait que m'éloigner. Et si jamais tu fais ce dont tu me menaces souvent, alors ce serait fini. Je sais ce que j'ai à faire. Dans tout cela, tu te bats contre toi-même. Tu fais échouer ton propre but si tu veux que je t'aime. Tu empruntes exactement la mauvaise voie. Personne ne peut jamais forcer quelqu'un d'autre à l'aimer. C'est impossible : on ne peut gagner l'amour que par la douceur. Les moyens ignobles ne mènent à rien. Mais tu dis : « J'ai essayé par des moyens honnêtes et ça n'a pas marché ». S'ils n'ont pas marché, rien ne marchera. Et tu n'auras plus qu'à dire : « Ce mal vient de Dieu, je ne suis qu'argile entre ses mains ».

2. Je n'aime pas ne pas pouvoir diriger ma propre maison, ne pas être libre d'inviter même les membres les plus proches de ma famille ne serait-ce que pour boire une tasse de thé sans te blesser.

3. Je n'aime pas être prisonnier chez moi, avoir une surveillance constante à la porte de mon bureau, de sorte que personne ne peut aller et venir sans ta permission.

4. Je n'aime pas être prisonnier en fuite quand je voyage à l'étranger, dans la mesure où tu es grandement écœurée si je ne te donne pas un rapport détaillé de tous les endroits où je suis allé et de toutes les personnes auxquelles j'ai parlé.

5. Je n'aime pas le fait de ne pas être en sécurité dans ma propre maison. Je ne suis pas maître chez moi. Je ne peux même pas appeler mien mon bureau ou mon étude. Ils risquent d'être pillés n'importe quand. Tu me dis : « Je ne te vole rien que des papiers ». Je n'en suis pas si sûr. Comment le pourrais-je ? De l'argent me manque aussi, et celui qui vole une épingle peut voler une livre sterling. Même si c'est vrai, les papiers d'un savant sont ses trésors, son journal en particulier. « Mais je n'ai pris que ce qui avait rapport avec Sarah Ryan et Sarah Crosby ». Ce n'est pas vrai. Les lettres de M. Landey ont quel rapport avec elles ? De plus, tu as pris des passages de mon journal qui n'ont rien à voir avec l'une ou l'autre.

6. Je n'aime pas la façon dont tu traites mes domestiques, même si en fait ils ne sont pas miens. Tu fais tout ce que tu peux pour leur rendre la vie misérable. Tu les intimides, tu les harcèles et tu les considères comme des chiens, à cause de toi ils ont peur de me parler. Tu les traites avec une arrogance, une sévérité, une hargne, une acrimonie et un mauvais caractère comme il n'y en a jamais eu dans ma maison pendant près de douze ans. Tu oublies même les bonnes manières, et tu te sers d'un langage si vulgaire qu'il serait digne d'une poissonnière, rien d'autre.

7. Je n'aime pas que tu parles contre moi derrière mon dos, tous les jours et presque à toute heure du jour, en faisant de mes défauts (réels ou supposés) le sujet habituel de tes conversations.

8. Je n'aime pas que tu me calomnies et me rendes responsable de choses qui sont fausses, comme tu le sais très bien. Par exemple, pour revenir à quelques jours en arrière, « que je t'ai battue », comme tu as dit à James Burges, que je suis allée à Kingswood avec Sarah Ryan, ce que tu as dit à Sarah Rigby, et que je t'ai demandé, quand nous nous sommes mariés, de ne jamais t'asseoir en ma présence sans ma permission, ce que tu as dit à Mme Lee, à Mme Fry et à plusieurs autres et que tu as soutenu devant moi.

9. Je n'aime pas l'habitude que tu as de dire des choses qui ne sont pas vraies. Par exemple, pour ne prendre que deux ou trois cas : tu as dit à Mr Ireland que « Mr Vazzilla avait appris l'espagnol en deux semaines ». Tu as dit à Mr Fry que « Mme Ellison était l'auteur de mon intrigue dans l'état de Géorgie ». Tu as dit à Mme Ellison que « tu n'as jamais rien dit de pareil, que tu ne l'avais jamais accusée de cela ». Tu leur as aussi dit « que je t'avais préparé un complot comparable à celui que les deux vieillards avaient préparé pour Susanne.

10. Je n'aime pas ton âpreté extrême et incommensurable envers tous ceux qui s'efforcent de me défendre, comme mon frère, Joseph Jones et Clayton Carthy, et je n'aime pas quand tu éclates en propos vulgaires et grossiers qui ne devraient pas souiller les lèvres d'une dame respectable, comme si elle ne croyait pas du tout en la Bible.

Et maintenant Molly, si quelqu'un se souciait vraiment de ton bonheur, qu'est-ce qu'il te conseillerait de faire ?

Certainement,

1. *de ne plus montrer, lire et toucher ces lettres, si tu ne les as pas redonnées à leur propriétaire*

2. *de me permettre de diriger ma propre maison, avec la liberté d'inviter désormais qui je veux*

3. *de m'y laisser toute ma liberté, pour que tous ceux qui le souhaitent puisent venir me voir sans entrave*

4. *de me laisser aller où bon me plait et voir qui je veux sans avoir à te rendre compte*

5. *de m'assurer que tu ne prendras plus mes documents ni quoi que ce soit qui m'appartienne sans mon consentement*

6. *de traiter tous les domestiques, là où tu te trouves, que tu les aimes ou non, avec courtoisie et humanité, et de leur*

parler, s'il t'arrive de leur parler, aussi bien qu'à d'autres personnes, avec bonhomie et bonnes manières

7. *de ne rien dire de mal à mon sujet derrière mon dos*

8. *de ne jamais m'accuser faussement*

9. *de faire extrêmement attention de ne rien dire qui ne soit strictement vrai, dans le fond et dans la forme, et*

10. *d'éviter toute amertume d'expression jusqu'à ce que tu puisses éviter toute amertume d'esprit.*

Tels sont les conseils que je te donne maintenant dans la crainte de Dieu et avec un tendre amour pour ton âme. Je ne peux te donner de meilleure preuve que je suis ton époux affectionné,

John Wesley

Derek Prince dans le cachot ?

Derek Prince a épousé deux femmes et n'a dit que du bien de ses femmes. Que voulez-vous qu'il dise d'autre ? du mal ? Même s'il avait des problèmes avec sa femme, je ne m'attendrais pas à ce qu'il en parle ou les partage publiquement. Et vous, qu'en pensez-vous ? Cependant, on a des aperçus de ses expériences à la « Jean le Baptiste dans le cachot ».

Comme beaucoup de secondes épouses en font l'expérience, la seconde femme de Derek Prince, Ruth, n'était pas très aimée par la famille de Derek prince et par certains de ses amis ministres.

Quand Ruth, sa seconde femme, arriva, la fille de Derek Prince, Johanne, fit un rêve dans lequel Ruth poussait Derek dans un fauteuil roulant. Ils étaient dans un bâtiment quelque part à New York quand soudain Ruth poussa violemment Derek dans un grand escalier. Pendant tout ce temps, Derek criait le nom de Johanne. Quand Johanne se réveilla, on comprend qu'elle fut horrifiée par son rêve.

Ce rêve fut apparemment confirmé par la fille de Don Basham qui fit un rêve semblable. Ces rêves ne favorisèrent pas beaucoup l'accueil de la seconde épouse de Derek Prince !

Ruth, la seconde épouse, considérait comme son devoir de mener Derek Prince à la grandeur à laquelle elle pensait qu'il était appelé. Beaucoup, cependant, se souviennent d'elle comme d'une femme dominatrice. On a dit d'elle qu'elle avait enrégimenté la vie de Derek Prince et son agenda jusqu'au moindre détail possible. Cela rendit la vie difficile pour Derek Prince et son entourage.

Quand elle et Derek rendaient visite à leur famille ou à leurs amis, Ruth annonçait exactement ce que Derek mangerait et à quelle heure il prendrait ses repas. Ses instructions étaient parfois envoyées à l'avance.

Un jour, Derek Prince alla faire des courses avec sa femme et des amis. Il mit dans le chariot des articles que sa femme ne voulait pas qu'il achète. Ruth n'apprécia pas et elle retira aussitôt les articles. À la fin elle se mit en colère et le réprimanda si fort que tout le monde dans le magasin l'entendit. Certains l'ont décrite comme « assez violente et sévère ».

Quand les gens appelaient et demandaient à parler à l'homme de Dieu, on leur disait qu'il dormait ou qu'il priait. Derek Prince, ignorant cela, se demandait pourquoi les gens ne l'appelaient jamais. L'attitude surprotectrice de Ruth Prince mena à une forme d'isolement.

Certains décrivirent sa seconde femme comme « un mélange agaçant de contrôle et d'insécurité ». Beaucoup de personnes de l'entourage de Derek Prince pensaient qu'en fait elle avait fait obstacle à son ministère.

Quelqu'un fit le commentaire suivant sur le mariage de Derek Prince : le couple était probablement entré dans un cycle vicieux, Ruth essayant de contrôler la vie de Derek Prince pour gagner son amour, et Derek s'indignant de la domination et refusant son amour à Ruth.

Ruth avait en fait beaucoup de bons côtés et elle fit beaucoup pour aider son ministère. Voici ce que je veux signaler : souvent, l'image de perfection que la plupart des ministres présentent aux caméras de télévision n'est pas réelle. Il y a des batailles en secret, qu'il faut mener et gagner. L'insécurité, les accusations et le contrôle doivent être pris pour ce qu'ils sont. Il faut être hardi pour combattre l'ennemi dans le cachot. Ne le laissez pas vous couper la tête avant l'heure.

Chapitre 6

Les différents types d'accusations

1. Les accusations par allégations directes

C'est la forme d'accusations facile à reconnaître. La voix de l'accusateur sonne haut et clair à travers les propos lancés. « T'es fier et vulgaire ». « T'es un ivrogne ». « Tu ne voulais pas vraiment m'épouser ». « Tu préfères quelqu'un d'autre ». « Tu es amoureuse du pasteur ». « Est-ce que tu ne peux pas laisser cette jeune fille tranquille ? ».

Voilà des exemples d'allégations directes prononcées hardiment par l'accusateur sûr de lui. Remarquez ce verset dans lequel le serviteur accuse directement son maître.

> **Puis celui qui n'avait reçu qu'un talent, vint et dit : Seigneur, JE SAVAIS QUE TU ES UN HOMME DUR, moissonnant où tu n'as pas semé, et recueillant où tu n'as pas répandu ;**
>
> **Matthieu 25 : 24**

2. Les accusations par la critique

Critiquer, c'est prononcer une opinion sur les fautes ou les mauvaises qualités de quelqu'un. C'est une affirmation qui manifeste la désapprobation. La critique n'est qu'une autre forme de l'accusation. Ne critiquez pas. Apprenez à dire du bien et pas du mal. Ne soyez pas celui qui remarque constamment les fautes des autres. Ne recherchez pas les mauvaises qualités et ne les signalez pas.

Priez pour les autres au lieu de les accuser ! Remarquez comment Aaron et Miriam accusent Moïse d'avoir épousé la mauvaise femme.

> **Et Miriam et Aaron parlèrent contre Moïse, à cause de la femme éthiopienne avec laquelle il était marié ; car il était marié à une femme éthiopienne.**
>
> **Nombres 12 : 1**

3. Les accusations par le murmure

Faites tout sans murmurer. Murmurer, c'est faire des commentaires désobligeants à mi-voix. Les murmures ne sont pas censés être entendus par l'accusé, mais ils ont pour effet d'empoisonner tous ceux qui les entendent. Le murmure a empêché les fils d'Israël d'entrer dans la Terre Promise. Dieu entend toutes nos remarques et nos commentaires faits à mi-voix ! Dieu n'est pas sourd !

Un jour dans l'église, un ministre écoutait avec plaisir la musique du chœur. Sa femme était assise à ses côtés. Alors qu'il se laissait joyeusement emporter par la musique, sa femme fit un commentaire. Au début, il crut qu'il avait mal entendu.

« Pardon, qu'est-ce que tu as dit ? », demanda-t-il.

Elle murmura : « J'ai dit que je me rends compte que tu ne peux pas détacher tes yeux d'elle quand elle chante au premier rang. »

Bien que cette remarque fut faite à mi-voix, elle était puissante et pleine de venin. Vous pouvez imaginer l'effet qu'elle eut sur quelqu'un qui s'apprêtait à prêcher.

4. Les accusations par la présence

> **Or un jour lorsque les fils de Dieu vinrent se présenter devant le Seigneur, Satan vint aussi parmi eux.**
>
> **Job 1 : 6**

La présence même de certaines personnes est un véritable message pour tous. La présence de la police sur le lieu d'un crime signifie qu'un crime a eu lieu. La présence même d'un officier en uniforme veut toujours dire quelque chose.

Quand Satan participe à la réunion des fils de Dieu, il a l'esprit plein d'accusations. Ses pensées sont des accusations classiques : « Est-ce pour rien que Job craint Dieu ? » En d'autres mots, Job n'est pas un sincère serviteur de Dieu. Satan accuse Job de ne pas vraiment aimer Dieu. Certaines personnes ont tout simplement l'esprit plein d'accusations. Leur présence en dit long en matière de soupçon.

5. Les accusations par l'absence

L'absence de certaines personnes à des réunions est porteuse d'un message clair. C'est pourquoi les gens parlent de boycotter des réunions. En boycottant des réunions, ils donnent un message plus haut et plus clair que s'ils étaient venus en personne.

> **Et il arriva, quand il vint à Jérusalem à la rencontre du roi, que le roi lui dit : Pourquoi n'es-tu pas venu avec moi, Mephibosheth ?**
>
> **2 Samuel 19 : 25**

L'absence de Mephibosheth au moment de la fuite du roi était un clair message ! Son absence indiquait qu'il n'était pas vraiment du côté de David.

Un jour, un pasteur me raconta comment l'absence de sa femme lors d'un voyage de ministère lui brisa le cœur. Il avait demandé à sa femme d'aller avec lui, mais elle avait refusé.

Pendant tout le voyage, l'absence de sa femme fonctionnait comme une accusation contre lui ! Elle l'affaiblit et rendit son ministère plus difficile. Sa femme avait refusé d'aller avec lui sous le prétexte qu'il était plus heureux avec d'autres.

« Tu ne me veux pas vraiment avec toi, et je le sais », lui dit-elle.

Quand il redemanda à sa femme si elle irait avec lui, sa réponse fut simple : « Vas-tu avec tes gens ? Si tu vas avec ces gens-là à toi, je ne viens pas ! » Cela lui brisa le cœur et il partit pour le programme en traînant les pieds.

6. Les accusations par écrit

> **Et pendant le règne d'Assuérus, au commencement de son règne, ILS LUI ÉCRIVIRENT UNE ACCUSATION contre les habitants de Judah et de Jérusalem.**
>
> **Esdras 4 : 6**

C'est la principale méthode d'accusation utilisée par les journalistes. Ils écrivent des histoires qui déforment les événements et le propos d'hommes honorables, et ils les accusent de nombreux maux. Un gouvernement devient habituellement l'ennemi de la presse quand les journalistes accumulent accusation sur accusation.

Beaucoup de journalistes sont en quête d'une histoire à sensation qui fera les gros titres. Ils ont besoin de quelque chose de spectaculaire qui fera vendre leurs journaux. Malheureusement, des hommes honorables deviennent les victimes de cette quête aux gros titres. Souvent, les excuses pour les erreurs commises dans ces articles sont maigres et insignifiantes. Le mal est déjà fait.

7. Les accusations par suggestions et insinuations

Une insinuation est une suggestion indirecte que quelque chose de désagréable est vrai. Le fait que vous n'avez pas fait une allégation directe ne veut pas dire que vous n'êtes pas en train d'accuser. Parfois, ces insinuations sont plus doulou-reuses que des allégations directes.

Au lieu de dire que Jésus ne méritait pas un tel traitement, Judas suggéra qu'ils gaspillaient leur argent.

> **[...] À quoi sert cette perte ? Car ce baume aurait pu être vendu très cher, puis l'argent donné aux pauvres.**
>
> **Matthieu 26 : 8-9**

De petits commentaires peuvent avoir de fortes répercussions. Un pasteur expérimenté envoya un frère en mission pour aider une branche de l'église voisine à s'enraciner davantage. Ce frère était tout excité à l'idée de ce nouveau défi. À son insu, la femme du pasteur expérimenté réprimanda son mari pour cette décision.

« Tu envoies au loin les maris pour avoir plus de temps avec leurs femmes », lui dit-elle.

« Qu'est-ce que tu dis là ! », s'exclama le pasteur.

Mais sa femme insista : « Tu envoies cet homme au loin pour te débarrasser de lui ».

« Comment une telle idée peut-elle te traverser la tête ? Qu'est-ce qui se passe dans ta tête ? », riposta le pasteur.

Mais le mal était fait. Le pasteur fut affecté par ce commentaire et décida de ne pas envoyer le frère. Ses propres intentions avaient été mises au défi jusqu'à la moelle. Évidemment, c'est l'œuvre de Dieu qui en souffre. Beaucoup de choses sont arrêtées à cause d'insinuations. C'est l'esprit de Jézabel, l'esprit de sorcellerie qui contrôle les gens.

8. Les accusations par le sarcasme

Le sarcasme est la façon d'utiliser des mots opposés de ce que vous voulez dire, pour être désagréable envers quelqu'un ou se moquer de lui. Parfois, vous pouvez dire quelque chose à quelqu'un, mais vous pensez en fait le contraire. Vous pouvez dire « merci », mais vous voulez dire : « Je vous hais ». Vous pouvez dire « Que Dieu te bénisse », mais vous souhaitez en fait du mal à la personne.

Naaman perçut la cupidité dans le regard de Gehazi.

> **Et Naaman dit : Consens à prendre deux talents. Et il le pressa […]**
>
> **2 Rois 5 : 23**

Un jour, j'ai envoyé un message à quelqu'un. Mon message était simple. Je disais : « Dis à ce gars que j'ai dit 'merci' ». Mais le messager refusa de délivrer le message. Il savait que mon 'merci' était piégé et ne voulait pas vraiment dire 'merci'. Il voulait dire en fait : « J'ai pris note du mal que tu m'as fait ».

9. Les accusations par le silence

Très souvent, le silence parle plus que les mots. Le silence de quelqu'un à une réunion peut être porteur d'un message. Il se peut qu'aucun mot ne soit prononcé, mais le silence d'un membre du comité en dit long ; il veut dire : « Je n'aime pas travailler avec vous. Vous êtes un dictateur. Vous voulez toujours arriver à vos fins ».

Et Absalon ne parlait à Amnon ni en bien ni en mal ; car Absalon haïssait Amnon, parce qu'il avait violé sa sœur Tamar.

2 Samuel 13 : 22

10. Les accusations au goutte à goutte

Une plainte continuelle qui vient par petites touches est une gouttière continuelle.

Une gouttière continuelle en un jour de forte pluie, et une femme querelleuse, cela se ressemble.

Proverbes 27 : 15

Parfois, les femmes pensent que si elles sont trop fortes sur une question, elles sont dures.

De petites touches aussi fréquentes que possible sur la même question semblent être moins conflictuelles. Cependant, la plus grosse inondation que j'aie jamais vue dans ma ville n'a pas été provoquée par une pluie tropicale torrentielle, mais par un goutte à goutte continuel pendant des heures. Méfiez-vous des gens qui vous harcèlent au goutte à goutte.

11. Les accusations par une femme querelleuse

Une femme querelleuse est une femme acariâtre au mauvais caractère. Ce genre de femme « n'est jamais d'accord, ne renonce jamais, ne capitule jamais, ne désespère jamais, ne laisse jamais aller, ne cède jamais, ne se plie jamais, ne s'excuse jamais, ne se soumet jamais, ne recule jamais, n'admet jamais une défaite, n'arrête jamais de parler, n'arrête jamais de se quereller, n'arrête jamais d'argumenter, n'arrête jamais d'être en désaccord et n'arrête jamais de s'opposer à tout ».

Les accusatrices sont des querelleuses qui vous font vous éloigner d'elles. C'est mieux d'être loin de Satan, l'accusateur. Ce passage de l'Écriture montre que l'accusateur peut être présent dans de jolies femmes et se servir d'elles pour épuiser le serviteur de Dieu.

Mieux vaut habiter dans une terre déserte, qu'avec une femme querelleuse et irritable.

Proverbes 21 : 19

Vraiment, il serait préférable que vous habitiez au désert que dans la maison que vous avez bâtie.

Mieux vaut habiter le coin d'un toit, que dans une grande maison avec une femme querelleuse.

Proverbes 21 : 9

John Wesley écrivit à sa femme et lui dit : « Je n'aime pas le fait de ne pas être en sécurité dans ma propre maison ».

12. Les accusations en redécrivant des événements

Une astuce habile consiste à redécrire et représenter des événements d'une façon qui les fasse sembler mauvais. C'est facile de réécrire une histoire en noircissant l'événement et en y donnant un tour négatif. Il vous suffit de souligner quelques points et d'en omettre d'autres. C'est ce qu'on a fait à Jésus. Ils ont changé Ses propos jusqu'à ce qu'Il ressemble à un kamikaze et à un anarchiste.

Nous lui avons entendu dire : Je détruirai ce temple, qui est fait avec des mains, et en trois jours j'en bâtirai un autre fait sans mains.

Marc 14 : 58

Et ils se mirent à l'accuser, disant : Nous avons trouvé cette personne pervertissant la nation et défendant de donner le tribut à César, et disant que lui-même est Christ un Roi.

Luc 23 : 2

Méfiez-vous de ceux qui rapportent des événements et les font paraître méchants, immoraux et mauvais.

Chapitre 7

Pourquoi les accusations sont-elles puissantes ?

Le géant tremble

Je me suis souvent demandé pourquoi les accusations ont un tel effet. Un jour, j'ai eu le privilège de rencontrer un grand homme de Dieu. Cet homme était un vrai géant spirituel. Il avait accompli beaucoup de choses pour le Seigneur. Alors qu'il nous faisait visiter sa propriété, j'étais émerveillé de ce que Dieu avait accompli par lui. Alors que nous marchions et conduisions entre les différents bâtiments, il fit certaines remarques qui m'attristèrent. Il semblait défendre sa réputation, il semblait vouloir se justifier à nos yeux.

Et je me disais : « Pourquoi cet homme prend-il la peine de se justifier ? »

Puis je me souvins qu'un de ses disciples, un homme bizarre, l'avait accusé de nombreux maux. Ce pasteur déloyal avait calomnié et diffamé mon hôte honorable. Les médias avaient beaucoup parlé des allégations faites contre cet homme.

Je me rendis compte que même ce géant dans le Seigneur avait tremblé sous l'aiguillon de l'accusateur. Je vous le dis, rien de pareil que des accusations pour faire capituler un grand homme ! Et elles n'ont même pas besoin d'être vraies ! Il suffit que ce soit des accusations !

Essayons de comprendre ce qui rend les accusations si puissantes. Allons au fin fond de ce mystère. Essayons de trouver où le pouvoir des accusations a sa source. Quand vous comprendrez pourquoi les accusations sont si puissantes, vous pourrez surmonter ses effets.

La source du pouvoir des accusations

1. **Les accusations sont puissantes parce qu'elles sont fondamentalement toutes vraies.**

Car je sais qu'en moi, (c'est-à-dire dans ma chair) ne demeure aucune bonne chose [...]

Romains 7 : 18

Une accusation est un sale tour qui tire profit du péché et de la faiblesse inhérents aux hommes. Elle montre du doigt nos points faibles.

Presque tout ce dont nous sommes accusés est vrai. La seule chose à laquelle je peux comparer les accusations est un handicapé ridiculisé par quelqu'un qui marche normalement. C'est comme si on faisait remarquer à un paralysé que c'est un incapable et un anormal.

Ridiculiser les handicapés ?

Accuser quelqu'un, c'est comme rire d'un sourd ou d'un muet et lui montrer combien son ouïe ou son parler est déficient. Comment pensez-vous que le sourd et le muet va se sentir quand sa déficience est mise en évidence ? C'est ce qui se passe quand on dit à un pécheur qu'il est pécheur.

La Bible nous montre déjà combien nous sommes éloignés de Dieu. Si vous pouvez imaginer ça, nous sommes à des millions d'années de la nature divine.

Car comme les cieux sont plus élevés que la terre, ainsi mes chemins sont plus élevés que vos chemins et mes pensées plus que vos pensées.

Ésaïe 55 : 9

Nous sommes si loin de la vraie sainteté et de la vertu. Le péché nous a tellement éloignés de Dieu. Seule sa miséricorde peut nous rapprocher de Lui.

L'Écriture prouve que nous sommes pécheurs

La Bible nous enseigne que nous sommes essentiellement pécheurs. Il y a suffisamment de passages de l'Écriture qui nous proclament complètement et désespérément pécheurs. Le mal est profondément enraciné dans le cœur de tout homme et nous le savons. Nous n'avons besoin de personne pour nous confirmer cette vérité bien établie.

Voyez toutes ces citations qui confirment ce que j'avance :

> **[…] Il n'y a aucun homme droit, non pas même un seul.**
>
> **Romains 3 : 10**

> **Car tous ont péché, et n'atteignent pas la gloire de Dieu.**
>
> **Romains 3 : 23**

> **Le cœur est trompeur […] et désespérément mauvais […]**
>
> **Jérémie 17 : 9**

Les serviteurs de Dieu confessent leur péché

Les grands hommes de Dieu confessent aussi qu'ils étaient des pécheurs lamentables et incapables quand ils se sont trouvés en présence de Dieu.

> **[…] Malheur à moi ! car je suis perdu ; parce que je suis un homme aux lèvres souillées, et je demeure au milieu d'un peuple aux lèvres souillées, et mes yeux ont vu le Roi, le SEIGNEUR des armées.**
>
> **Ésaïe 6 : 5**

Job découvrit qu'il était très mauvais quand il se trouva en présence du Seigneur. Il se prit en fait en horreur quand il se rendit compte de ce qu'il était.

> **J'avais de mes oreilles entendu parler de toi ; mais maintenant, mon œil t'a vu. C'est pourquoi j'ai**

horreur de moi et je me repens dans la poussière et la cendre.

Job 42 : 5-6

Le grand prophète Daniel aussi confessa combien il était mauvais.

Nous avons péché, nous avons commis l'iniquité, nous avons agi méchamment, nous avons été rebelles et nous nous sommes détournés de tes préceptes et de tes jugements.

Daniel 9 : 5

Et l'apôtre Paul, à la fin de sa vie, se décrit comme le premier des pécheurs. Il dit :

[...] que Christ Jésus est venu au monde pour sauver les pécheurs, dont je suis le premier.

1 Timothée 1 : 15

Il se tient pour le premier des pécheurs dans sa toute dernière lettre. Il se traite de misérable incapable de se débarrasser de son péché.

Ô misérable homme que je suis ! qui me délivrera du corps de cette mort?

Romains 7 : 24

John Wesley fut perplexe

De façon intéressante, de grands hommes de Dieu n'ont aucun sens de leur dignité à la fin de leur vie. Notez ce que John Wesley dit de lui-même à la fin de sa vie. Il dit :

« Je suis allé par monts et par vaux pendant cinquante ou soixante ans en m'efforçant, à ma pauvre façon, de faire un peu de bien à mes congénères. Et il se peut maintenant que ma mort soit très proche. Et sur quoi est-ce que je peux compter pour mon salut ? Je ne vois rien qui vaille la peine dans ce que j'ai fait ou souffert. Je n'ai qu'un argument : moi je suis le premier des pécheurs, mais Jésus est mort pour moi ».

Toi l'accusateur, prends garde a toi

C'est pourquoi Jésus nous a avertis de ne pas juger. Quelque que soit le jugement que vous émettez, vous l'émettez contre vous-même.

> **C'est pourquoi tu es inexcusable, ô homme, qui que tu sois, qui juges, car en ce que tu juges un autre, tu te condamnes toi-même, puisque, toi qui juges, tu fais les mêmes choses.**
>
> **Romains 2 : 1**

Faites attention quand vous accusez et quand vous jugez. La Bible dit que vous faites en fait les mêmes choses que celles que vous condamnez chez les autres. Je crois que tout ce dont j'ai été accusé est vrai en principe. Je sens vraiment que ces accusations sont vraies et je m'efforce de confesser mes péchés chaque jour.

Si quelqu'un m'accusait de voler l'argent de l'église, je croirais que c'est vrai. J'ai peut-être pris de l'argent sans m'en rendre compte ? J'ai peut-être mal géré l'argent de Dieu ? J'ai peut-être gaspillé l'argent de l'église ? Je me suis peut-être trop payé ? J'ai peut-être injustement joui de luxes ? Comment savoir ? En toute honnêteté, ma nature pécheresse est réelle et je ne peux le nier même si je suis prédicateur. C'est pourquoi je confesse mes péchés chaque jour.

Si quelqu'un m'accusait d'adultère, je croirais que c'est vrai et je confesserais mes péchés. Je ne peux le démentir beaucoup, car l'Écriture dit que si vous regardez une femme pour la désirer, vous avez déjà commis un adultère (Matthieu 5 : 28). J'ai dû le faire de nombreuses fois et je prie toujours pour que Sa miséricorde soit faite à mon âme.

Si quelqu'un m'accusait de sorcellerie, j'acquiescerais car la rébellion est comme le péché de sorcellerie (1 Samuel 15 : 23). J'ai dû être rebelle envers le Seigneur de nombreuses fois.

Nous devons être comme Daniel qui confessait ces terribles péchés à la première personne. Il croyait qu'il les avait commis.

Il ne pensait pas : « Je suis très aimé du Seigneur. Je suis un grand prophète de Dieu ». Il pensait plutôt : « Je suis un pécheur qui a besoin de la grâce de Dieu ». Voyez sa prière :

> **Et je priai le SEIGNEUR mon Dieu, et fis ma confession, et dis : Ô Seigneur, Dieu grand et redoutable, qui gardes l'alliance et la miséricorde à ceux qui t'aiment et qui gardent tes commandements.**
>
> **Nous avons péché, nous avons commis l'iniquité, nous avons agi méchamment, nous avons été rebelles et nous nous sommes détournés de tes préceptes et de tes jugements.**
>
> **Et nous n'avons pas prêté attention à tes serviteurs les prophètes, qui ont parlé en ton nom à nos rois, à nos princes, et à nos pères et à tout le peuple du pays. À toi, ô Seigneur, appartient la droiture, mais à nous la honte de nos visages…**
>
> **Daniel 9 : 4-7**

Le pouvoir de l'accusation repose dans le pouvoir de la vérité

C'est la vérité de cette nature pécheresse qui donne leur pouvoir aux accusations. Quelque soit la façon dont vous niez une accusation, elle aura un impact sur vous. Peu importe si cette accusation est totalement fausse, elle vous nuira. Vous penserez à ce qui a été dit et vous serez perturbé. Vous ne saurez pas si les allégations sont vraies ou non. Je ne connais pas d'autre arme qui puisse semer la confusion dans votre vie avec cette ampleur.

2. **Les accusations sont puissantes parce qu'elles vous stéréotypent.**

C'est parce que ces accusations vous associent si parfaitement à un stéréotype connu qu'elles ont un tel pouvoir sur vous. Les accusations tendent à catégoriser ou stéréotyper une personne.

Ces stéréotypes sont associés à un nombre de maux. Ils se sont maintes fois avérés coupables. Les statistiques montrent que ces stéréotypes font ce dont ils sont accusés.

Une femme qui devient belle-mère parce que son mari a folâtré dans le passé correspond parfaitement au stéréotype de la belle-mère méchante et égoïste. Quoi qu'elle fasse, quelque soit la façon dont elle s'occupe des enfants de son mari, elle correspond trop au stéréotype de la vilaine belle-mère. Elle traînera sans doute cette image durant toute sa vie.

Le stéréotype d'une jolie jeune femme célibataire dans l'église est qu'elle cherche un homme.

C'est très facile de croire que toute jeune femme célibataire dans l'église est tout simplement en quête d'un mari. Aussi spirituelle qu'elle puisse paraître, on croit qu'elle cherche un mari. Elle tombe parfaitement sous le stéréotype de la femme en quête de mari. On peut même accuser une telle personne d'essayer de s'emparer du mari d'une autre femme.

Un stéréotype pour les hommes est le mari adultère qui ne peut rester avec sa femme.

Ainsi, quand un homme marié à une femme grincheuse et qui n'est pas en bonne forme est accusé d'adultère, il correspond parfaitement au stéréotype du mari adultère. Associer un homme à ce stéréotype est très puissant, parce qu'un tel homme tombe parfaitement dans cette catégorie.

Je me souviens d'une célibataire qui dirigeait le service dans son église. Elle dirigeait la louange et elle aimait louer Dieu. Avec de nombreuses autres sœurs de l'église, elle avait de bonnes relations avec le pasteur.

Un jour, tout d'un coup, la femme du pasteur vint vers elle et lui dit : « Tu ne pourras jamais avoir mon mari. Quoique tu fasses, tu ne l'auras jamais ! Je veux que tu saches que j'ai eu trois enfants avec lui et qu'il ne t'épousera jamais ! »

« Je veux juste que tu saches », conclut-elle.

La directrice du service fut stupéfiée, c'est le moindre qu'on puisse dire. Elle ne comprenait pas ce qui se passait.

Le pasteur se trouva dans une situation très inconfortable, ayant à tenir en équilibre la relation avec sa femme et avec la directrice. Le moindre qu'on puisse dire, c'est que leurs relations devinrent malaisées et perturbées à titre définitif.

Cette soudaine accusation par la femme du pasteur eu un pouvoir phénoménal, parce que la directrice des services tombait parfaitement sous le stéréotype de « la jeune célibataire en quête de mari », alors que le pasteur tombait aussi sous celui de « l'homme adultère marié à une grincheuse ».

C'est parce que ces accusations vous associent si parfaitement à un stéréotype connu qu'elles ont un tel pouvoir sur vous.

3. Les accusations ont du pouvoir parce qu'elles se développent sur le pouvoir de la tromperie.

Si ce que l'accusateur des frères dit est vrai, alors un jugement doit nous être infligé. Je ne sais pas pourquoi, mais Dieu ne passe pas de jugement qui corresponde à toutes ces accusations. S'il y avait un suivi à la plupart de ces accusations, beaucoup d'accusés devraient être mis à mort et envoyés en Enfer.

D'une façon ou d'une autre, les accusations ne sont pas valides. Nous avons été déclarés non coupables de toutes ces charges, allégations et accusations par le sang de Jésus. Le sang de Jésus et la miséricorde de Dieu ont changé les données et rendues les accusations vaines. Satan sait cela, mais il continue de nous intimider et de nous harceler avec les accusations, la culpabilité et la peur, jusqu'à ce que nous soyons perturbés. Il nous combat avec tant de confusion que nous ne savons pas si nous sommes bons ou mauvais !

Par le sang de Jésus, nous sommes pardonnés et libérés. Dieu nous aime vraiment même si c'est parfois difficile à croire. Il veut vraiment que nous soyons avec Lui et Il nous porte un profond amour passionné et ardent. En raison des accusations, il m'est parfois difficile de croire que Dieu m'aime. Je me sens pécheur et je connais la nature de mon péché. Satan raffole de ces sentiments et me condamne constamment. Mais nous vaincrons l'accusateur des frères au nom de Jésus.

4. Les accusations ont de l'impact parce que le pouvoir spirituel de Satan se tient derrière toute accusation.

Satan est un esprit et il œuvre spirituellement par l'arme de l'accusation. Il intimide et harcèle les serviteurs de Dieu, son but est de vous renvoyer du ministère et de vous empêcher de faire le bien que Dieu vous a appelé à faire. Je vous assure que parmi les mauvaises pensées qui vous viennent à l'esprit, beaucoup sont du diable.

Résistez au pouvoir caché derrière les accusations et reconnaissez la force spirituelle qui œuvre contre vous. Vous êtes une bonne personne et Dieu croit en vous !

Chapitre 8

Autres œuvres de l'accusateur

Le diable attaque un chrétien sous diverses formes. Moïse et notre Seigneur Jésus ont fait l'expérience des attaques du diable sous la forme d'un accusateur. Ils ont supporté des attaques impitoyables sous la forme de plaintes et d'accusations.

L'onction de Moïse fut du plus haut ordre. Dieu se servit de lui pour faire de Son peuple une grande nation.

Jésus était parfait et pourtant on L'accusa jusqu'à Le faire périr.

Tous ceux qui répondent à l'appel de Dieu sont vraiment des personnes honorables. Malgré ce que les gens disent, très peu choisissent le service du Seigneur. Très peu ont la foi nécessaire pour obéir à l'appel au ministère. Malgré ce gros effort, on calomnie et dénigre constamment les ministres. Tout essai de servir Dieu dans le ministère est un gros effort et un effort honorable.

Alors, pourquoi les ministres sont-ils constamment accusés de divers maux ? Demandez à Moïse et au Seigneur Jésus Christ. Moise finit par pécher contre son ministère quand il réagit aux plaintes du peuple. Il était parfait dans son obéissance au Seigneur, accomplissant avec précision chaque ordre reçu de Dieu. Ce sont les incessantes plaintes des enfants d'Israël qui le poussèrent hors de ses gonds. Les accusations poussent les gens à faire des choses qu'ils ne veulent pas faire.

1. L'accusateur s'oppose à nous.

Quand notre église était en construction, Satan nous attaqua sous la forme d'un antagoniste. Il s'opposait à tout ce qu'on faisait en communauté. Il lutta contre nous et poussa le gouvernement, la communauté et les médias contre moi. J'étais stupéfié de voir comment des gestes de sympathie s'étaient transformés en persécution extrêmement complexe de mon ministère.

> **Mais le prince du royaume de Perse m'a résisté vingt et un jours [...]**
>
> **Daniel 10 : 13**

2. L'accusateur a essayé de me tuer.

Il faut s'attendre à quelque chose d'autre de la part de l'accusateur des frères. Il essaiera de vous tuer. Et je veux dire littéralement tuer. Satan aimerait vous éliminer par n'importe quel moyen. Il aimerait vous noyer, vous empoisonner, vous étrangler, vous tuer dans un accident ou infliger une maladie à une partie de votre corps.

Ne prenez pas ça à la légère. Chaque ministre doit prendre des précautions pour rester en vie. Ne faites aucune place au diable. Je me suis trouvé dans des avions qui ont failli s'écraser, dans des voitures qui ont fait des tonneaux. J'ai eu des maladies qui ont failli me faire mourir. Dans tout cela, je vois la main meurtrière de l'accusateur.

> **Le voleur ne vient que pour voler et TUER [...]**
>
> **Jean 10 : 10**

3. L'accusateur nous tente.

> **Alors Jésus fut emmené par l'Esprit dans le désert pour être TENTÉ PAR LE DIABLE.**
>
> **Matthieu 4 : 1**

J'ai été tenté par le diable de maintes façons. Je suis sûr que vous aimeriez savoir quelles tentations j'ai eues. Je ne peux pas vraiment donner de détails ici, mais j'ai été pratiquement tenté par tout ce que vous pouvez imaginer. Un jour, le Seigneur me dit que j'avais surmonté une période de tentation. J'étais surpris d'entendre cela, mais Il m'expliqua que j'étais passé par une période de tentation à laquelle j'avais survécu.

Trois tentations des ministres

Tout ministre passera par trois tentations. Jésus en a fait l'expérience et vous la ferez aussi. Vous ferez l'expérience des tentations de la chair. Jésus fut tenté de transformer les pierres en pain pour satisfaire à Sa chair. Vous serez tenté d'abuser de votre autorité et de votre pouvoir. Jésus a été tenté d'utiliser Son pouvoir pour sauter d'une falaise et appeler les anges à sa rescousse.

Enfin, vous serez tentés de vous servir du ministère comme d'un raccourci. Satan offrit à Jésus une façon rapide de gagner le monde. « Prosterne-toi et adore-moi », dit-il, « et je te donnerai en retour le monde entier ». Ce raccourci dit : « Choisis la voie rapide où il n'y a ni souffrance, ni sacrifice ni rien de dur ». Heureusement, Jésus ne tomba en aucune de ces tentations.

4. L'accusateur voulait que je sois mondain.

Satan est le prince de ce monde. C'est l'esprit derrière les tendances mondaines et les modes. Lorsque les Chrétiens deviennent plus mondains, ils sont aux mains du prince de ce monde. Les ministres sont constamment contraints de faire et de dire des choses désirées par le prince de ce monde.

Une pression est exercée sur les ministres pour qu'ils deviennent des orateurs incitant à aimer le monde au lieu d'être prêcheurs des mystères divins. De plus, de nombreux ministres se sont mis à donner de bons conseils pour les besoins de leurs membres. C'est la mondanité dans la chaire. C'est l'abandon de la prédication des mystères divins que le Seigneur nous a donnés.

> **N'aimez pas le monde, ni les choses qui sont dans le monde. Si quelqu'un aime le monde, l'amour du Père n'est pas en lui.**
>
> **Car tout ce qui est dans le monde, la convoitise de la chair, la convoitise des yeux, et l'orgueil de la vie, ce n'est pas du Père, mais c'est du monde.**
>
> **1 Jean 2 : 15-16**

5. L'accusateur veut nous rendre impurs.

Le diable veut vous souiller. Son but est d'introduire toute sorte de souillure dans votre vie. Tous les genres d'activités lascives et immorales vous souilleront. Certains films, la pornographie, la musique du monde et les grossièretés sont les outils dont Satan se sert pour souiller votre vie. On appelle souvent le diable un esprit impur (Marc 1 : 23).

6. L'accusateur vous influencera par l'air.

> **[...] vous avez marché autrefois, selon le train de ce monde, selon le PRINCE DE LA PUISSANCE DE L'AIR, l'esprit qui maintenant agit dans les enfants de la désobéissance.**
>
> **Éphésiens 2 : 2**

L'accusateur a possédé les ondes de toutes les nations. En tant que prince de la puissance de l'air, il canalise beaucoup de mal par la radio, la télévision et l'internet. C'est pourquoi il est important que les Chrétiens aient contrôlent et aient accès aux ondes de leurs pays.

Vous devez vous battre pour être sur les ondes et joindre la bataille de l'air. On gagne et on perd des élections dans l'air. La moralité d'une nation est détruite dans l'air. Mais on gagne aussi des âmes sur les ondes.

7. L'accusateur essaiera de vous rendre inutile.

Le nom Bélial veut dire « sans utilité ». Satan essaie de rendre votre ministère inutile. Il veut vous rendre vous-même inutile !

> **[...] car par les bassesses d'une femme prostituée un homme est réduit à un morceau de pain [...]**
>
> **Proverbes 6 : 26**

Satan veut vous réduire au plus bas niveau possible de cette vie. C'est l'esprit de pauvreté, d'inutilité et d'incompétence. Soyez délivré au nom de Jésus !

8. L'accusateur essaiera de vous dominer.

Satan est le prince des ténèbres. Quand vous marchez dans le péché et les ténèbres, vous êtes entre ses mains. Éloignez-vous du péché. Éloignez-vous de ce royaume et restez près de la lumière.

> **Car nous luttons [...] contre les DIRIGEANTS DES TÉNÈBRES de ce monde [...]**
>
> **Éphésiens 6 : 12**

9. L'accusateur vous trompera.

La force de Satan contre vous est la tromperie. Le mensonge répété et les astuces trompeuses ont fait de lui le plus grand trompeur de tous les temps. Il essaiera de vous tromper en vous faisant croire beaucoup de choses qui ne sont pas vraies. La plupart de nos difficultés viennent de nos illusions.

La plupart de nos afflictions sont causées par des choses fausses en lesquelles nous avons cru. Si Satan est capable de tromper le monde entier, alors vous devez constamment vous demander dans quelle illusion vous êtes.

> **[...] cet ancien serpent, appelé le Diable et Satan, CELUI QUI TROMPE le monde entier [...]**
>
> **Apocalypse 12 : 9**

10. L'accusateur se battra contre vous.

> **Soyez sobres, soyez vigilants ; parce que VOTRE ADVERSAIRE LE DIABLE, marche alentour, comme un lion rugissant, cherchant qui il pourra dévorer.**
>
> **1 Pierre 5 : 8**

Attendez-vous à la bataille de votre vie quand vous embrassez le ministère ! Vous vous battrez jusqu'à votre dernier souffle. Des démons intelligents, des esprits mauvais et des puissances en lutte vous attaqueront jusqu'à ce que vous soyez dans la tombe.

Vous avez besoin d'une sagesse surnaturelle et d'une intimité avec Dieu pour survire. Ce n'est pas une question de puissance. C'est une lutte contre un menteur et un trompeur rusé. Un « adversaire », c'est quelqu'un qui vous met au défi, un rival, un ennemi et un antagoniste. Vous pouvez vous attendre à recevoir de l'opposition et à être mis au défi pendant tout le temps de votre ministère. C'est l'un des mots-clés de l'accusateur au milieu des frères.

Chapitre 9

Comment faire taire l'accusateur

Lutter contre l'accusateur entraîne beaucoup d'avantages dans votre vie. Vous devez aussi défier cet ennemi vicieux de maintes façons.

1. La prière

[...] puisqu'il vit toujours pour intercéder pour eux.
Hébreux 7 : 25

La prière est la façon de combattre le pouvoir spirituel qui se tient derrière l'accusation. Jésus vit toujours pour intercéder pour nous.

L'intercession de Christ contre-attaque directement les accusations de Satan. La prière est l'opposé de l'accusation. Satan attire l'attention sur nos faiblesses, et Jésus présente Son sang devant le trône et explique pourquoi nous ne devons pas être condamnés.

Joignez votre prière à celles de Christ et contre-attaquez ainsi la force de l'accusation contre votre ministère. Établissez des guerriers de la prière pour qu'ils intercèdent constamment pour vous, de sorte que le pouvoir de l'accusateur soit brisé.

2. La confrontation ouverte

Ils lui dirent : Maître, cette femme a été surprise sur le fait même, commettant adultère.
Or Moïse dans la loi, nous a commandé, de lapider de telles personnes ; mais toi que dis-tu ?
Ils disaient cela pour l'éprouver, afin de pouvoir l'accuser. Mais Jésus, se baissa, et avec son doigt écrivait sur le sol, comme s'il n'entendait pas.
Aussi comme ils continuaient à l'interroger, il se releva et leur dit : Que celui parmi vous qui est sans

péché, JETTE LE PREMIER LA PIERRE CONTRE ELLE. Et il se baissa de nouveau, et écrivait sur le sol. Et ceux qui avaient entendu cela, étant convaincus par leur propre conscience, sortirent l'un après l'autre, commençant par les plus âgés jusqu'aux derniers, et Jésus fut laissé seul avec la femme qui se tenait au milieu.

Quand Jésus se releva, et ne voyant personne sinon la femme, il lui dit : Femme, où sont tes accusateurs ? Nul homme ne t'a condamnée ? Elle dit : Nul homme, Seigneur. Et Jésus lui dit : Je ne te condamne pas non plus ; va et ne pèche plus.

Jean 8 : 4 -11

Jésus présente l'accusée aux accusateurs et Il demande aux accusateurs d'exécuter le jugement de leurs allégations. Il veut qu'ils poussent leur accusation à sa conclusion logique.

De nombreux accusateurs aiment se cacher en coulisses et envoyer leurs flèches de là. Ils ne veulent pas que quelqu'un sache ce qu'ils pensent ou ce qu'ils disent. Confronter ouvertement les accusateurs peut être une bonne façon de vous en libérer. Il y a des années, j'ai confronté un frère qui m'accusait de ne pas être appelé au ministère.

Je lui dis : « Si je ne suis pas appelé, pourquoi es-tu dans cette église ? Si je n'ai pas reçu l'onction, pourquoi viens-tu dans cette église chaque semaine ? »

Le gars fut stupéfié par la confrontation. Vous savez, les accusateurs aiment se cacher en coulisses et dire des choses contre vous. Quand ils vous voient, ils s'adoucissent et font comme si de rien n'était. À leurs sourires et leur amitié joviale, vous ne sauriez jamais ce qu'ils disent derrière votre dos.

3. L'enseignement

L'enseignement est un outil puissant qui porte un coup mortel à l'ignorance et à la tromperie. Jésus répondit à plusieurs des accusations lancées contre Lui par des enseignements.

Permettez-moi de vous donner quelques exemples. Vous pouvez maintenir la cohésion dans une grande équipe par des enseignements. La plupart des leaders se limitent à avertir leurs disciples de s'abstenir de certaines choses. Mais l'enseignement est plus puissant que les avertissements.

a. On accusa Jésus de ne pas laisser Ses pasteurs jeûner, Il leur donna alors un enseignement sur les outres neuves.

Et les disciples de Jean et des Pharisiens avaient l'habitude de jeûner, et ils vinrent et Lui dirent : POURQUOI LES DISCIPLES DE JEAN ET DES PHARISIENS JEÛNENT-ILS, et pourquoi tes disciples ne jeûnent-ils pas ?

Et Jésus leur dit : Les amis de la chambre nuptiale peuvent-ils jeûner pendant que l'époux est avec eux ? Aussi longtemps qu'ils ont l'époux avec eux, ils ne peuvent pas jeûner.

Mais les jours viendront, où l'époux leur sera ôté, et alors ils jeûneront en ces jours-là.

Personne ne coud un morceau de tissu neuf à un vieux vêtement ; autrement le morceau neuf emporterait le vieux, et la déchirure sera pire.

De même, personne ne met du vin nouveau dans de vieilles outres ; autrement le vin nouveau fera éclater les outres, et le vin se répandrait, et les outres seront perdues ; mais le vin nouveau doit être mis dans des outres neuves.

Marc 2 : 18-22

b. Quand on accusa Jésus de ne pas Se laver les mains, Il donna un enseignement sur cette question.

Puis les Pharisiens et les scribes lui demandèrent : POURQUOI TES DISCIPLES NE SE CONDUISENT-ILS PAS SELON LA TRADITION DES ANCIENS, mais prennent leur repas sans se laver les mains ?

Il répondit et leur dit : Ésaïe a bien prophétisé à votre sujet, hypocrites, comme il est écrit : Ce peuple

m'honore avec leurs lèvres ; mais leur cœur est loin de moi.

Néanmoins c'est en vain qu'ils m'adorent, enseignant comme doctrines les commandements d'hommes.

Marc 7 : 5-7

c. On accusa aussi Jésus de n'être qu'un charpentier qui se prenait pour un homme de Dieu. En réaction, Il donna un enseignement montrant qu'un prophète n'est pas accepté dans sa propre maison.

N'EST-CE PAS LÀ LE CHARPENTIER, le fils de Marie, le frère de Jacques, de José, de Juda et de Simon ? et ses sœurs ne sont-elles pas ici parmi nous ? Et ils étaient offensés à cause de lui.

Mais Jésus leur dit : Un prophète n'est pas sans honneur, sinon dans son pays, et parmi ses parents et ceux de sa maison.

Marc 6 : 3-4

d. On accusa Jésus de manger avec les pécheurs, et Il leur enseigna comment vivre selon l'Évangile.

Et lorsque les scribes et les Pharisiens le virent manger avec les publicains et les pécheurs, ils disent à ses disci-ples : COMMENT SE FAIT-IL QU'IL MANGE ET BOIVE AVEC LES PUBLICAINS ET LES PÉCHEURS ?

Quand Jésus l'entendit, il leur dit : Ceux qui sont en bonne santé n'ont pas besoin de médecin, mais ceux qui sont malades ; je ne suis pas venu appeler à la repentance les hommes droits, mais les pécheurs.

Marc 2 : 16-17

4. La logique du bon sens

L'une des façons de contre-attaquer les accusations est d'user de bon sens pour transformer les accusations en non-sens.

Vous devez apprendre à vous servir d'arguments logiques qui détruisent les fondements de l'accusation.

Jésus fit souvent cela. Quand on l'accusa d'avoir des aspirations politiques, Il répondit par des arguments logiques. Il dit : « Si mon royaume était de ce monde, mes serviteurs combattraient ». N'est-ce pas logique qu'un roi ait une armée qui combatte pour lui ?

Jésus répondit : Mon royaume n'est pas de ce monde ; si mon royaume était de ce monde, alors mes serviteurs auraient combattu, afin que je ne sois pas livré aux Juifs ; mais maintenant mon royaume n'est pas d'ici.

Jean 18 : 36

Je me sers beaucoup de ces arguments. Je pose des questions comme : « Si je cherchais à être riche, est-ce que je ne pratiquerais pas la médecine ? »

« Si je ne voulais que des belles voitures et une belle maison, pourquoi est-ce que je choisirais d'être prêtre ? Est-ce que je ne pourrais pas tout simplement pratiquer la médecine en Amérique et me faire beaucoup d'argent ? »

Le bon sens à lui seul dissipe de nombreuses accusations sans fondement proférées par des ennemis qui ont la croix en haine.

5. Être d'accord avec les accusateurs

SOIS D'ACCORD RAPIDEMENT AVEC TON ADVERSAIRE, pendant que tu es en chemin avec lui, de peur que ton adversaire ne te livre au juge, et que le juge ne te livre à l'officier, et que tu ne sois mis en prison.

Matthieu 5 : 25

La Bible nous enseigne à être d'accord avec nos accusateurs. La vérité est que nous sommes coupables de presque tout ce dont nous sommes accusés. Être d'accord avec son accusateur peut être une puissante stratégie pour le faire taire. Jésus se servit de cette méthode durant Son procès. En disant « Je le suis » et « Tu le dis », Il était d'accord avec Ses accusateurs. C'était désormais à eux de pousser leur accusation jusqu'à sa conclusion logique.

Jésus est d'accord avec Ses accusateurs

ET JÉSUS DIT : JE LE SUIS ; et vous verrez le Fils de l'homme assis à la main droite de la puissance, et venant dans les nuages du ciel.

Marc 14 : 62

Et Pilate lui demanda : Es-tu le Roi des Juifs ? ET IL LUI RÉPONDIT : TU LE DIS.

Marc 15 : 2

6. Le silence

Ne pas répondre aux accusations qui sont lancées contre vous est encore une autre façon de faire taire l'accusateur. Les journalistes ont horreur d'entendre ces mots sages : « Je n'ai pas de commentaire à faire pour le moment ». Les journalistes aiment interviewer des figures controversées. À chaque fois qu'une figure publique est interviewée, elle dit quelque chose dont ils peuvent se servir pour l'accuser. L'une des meilleures pratiques pour les ministres est de ne faire ni commentaires ni de ne donner aucune interview sur quoique ce soit sous aucun prétexte !

Jésus ne voyait pas pourquoi Il devrait répondre aux questions. Tout ce qu'Il avait à dire, Il l'a prêché. Ils n'avaient qu'à se procurer les cassettes s'ils voulaient et écouter pour eux-mêmes. Les pasteurs doivent apprendre du Seigneur.

Quand on vous questionne dans un environnement hostile, cela ne va pas donner une bonne image de qui vous êtes. Les gens devraient écouter ce que vous prêchez et se décider. Espérons qu'ils seront sauvés et convaincus quand ils entendront votre message.

Jésus lui répondit : J'ai parlé ouvertement au monde ; j'ai toujours enseigné dans la synagogue et

dans le temple, où les Juifs ont toujours l'habitude de s'assembler ; et je n'ai rien dit en secret. POURQUOI M'INTERROGES-TU ? INTERROGE CEUX QUI M'ONT ENTENDU ; sur ce que je leur ai dit ; voici, ils savent ce que j'ai dit.

Jean 18 : 20-21

Jésus usa de cette stratégie quand Il rencontra Pilate. Pilate n'arrivait pas à croire que Jésus ne voulait pas lui parler. Si Jésus a refusé de parler à Pilate, comment se fait-il que des pasteurs soient assoiffés d'une interview avec le monde ? Pourquoi sommes-nous si différents de notre Sauveur ?

Il entra de nouveau dans la salle de jugement, et dit à Jésus : D'où es-tu ? MAIS JÉSUS NE LUI DONNA AUCUNE RÉPONSE.

Alors Pilate lui dit : NE ME PARLES-TU PAS ? Ne sais-tu pas que j'ai le pouvoir de te crucifier, et le pouvoir de te relâcher ?

Jésus répondit : Tu ne pourrais avoir aucun pouvoir sur moi, s'il ne t'était donné d'en haut c'est pourquoi celui qui m'a livré à toi a fait le plus grand péché.

Jean 19 : 9-11

Vous ne devez pas avoir honte des accusations qui sont lancées contre vous. Notre Père nous a donné une coupe à boire. Ne la boirons-nous pas ? Laissez les accusateurs continuer et vous peindre aux couleurs qu'ils veulent. Dieu est juge et Il vous justifiera. Personne ne peut rien faire pour vous empêcher de répondre totalement à l'appel de Dieu. Comme Jésus l'a dit à Pilate, personne n'a aucun pouvoir sur votre vie et votre ministère à moins que Dieu ne le lui donne. Dieu a le contrôle et Sa main est sur nous tous.

Chapitre 10

Avertissement aux accusateurs

Le Psaume 109 comprend une prière prophétique contre les accusateurs. Au verset vingt, le Psalmiste résume son désir que tout ce qu'il a dit soit la récompense des ses accusateurs.

Que ce soit la récompense du SEIGNEUR, pour mes adversaires, et de ceux qui disent du mal contre mon âme.

Psaume 109 : 20

C'est l'une des malédictions les plus terribles et les plus détaillées que vous pourrez trouver dans toute la Bible. Elle va de cette vie à l'avenir de toutes les générations de l'accusateur. C'est un sérieux avertissement qui nous est donné de laisser les serviteurs de Dieu tranquilles. Dieu les jugera.

Il ne vous sert à rien d'invoquer le psaume 109 contre votre vie. Lisez le vous-même et prenez la décision de vous tenir éloigné de la récompense des accusations.

Psaume 109

Ô Dieu de ma louange, ne te tais pas !
Car la bouche du méchant et la bouche du perfide se sont ouvertes contre moi ; ils ont parlé contre moi avec une langue menteuse.
Ils m'ont aussi assiégé de paroles de haine ; et se sont battus contre moi sans cause.

EN RETOUR DE MON AMOUR, ILS SONT MES ADVERSAIRES ; mais moi, je m'adonne à la prière.

Et ils m'ont rendu le mal pour le bien, et la haine pour mon amour.

Établis un homme méchant sur lui, ET QU'UN ACCUSATEUR SE TIENNE À SA MAIN DROITE.

Quand il sera jugé, qu'il soit condamné, et que sa prière devienne péché.

Que ses jours soient peu nombreux ; qu'un autre prenne sa charge.

Que ses enfants soient orphelins, et sa femme veuve.

Que ses enfants soient continuellement vagabonds et mendient ; qu'ils cherchent leur pain loin de leurs places ravagées.

Que le créancier attrape tout ce qu'il a ; et que les étrangers le dépouillent de son travail.

Qu'il n'y ait personne qui étende sa miséricorde sur lui ; qu'il n'y ait personne qui use de faveur envers ses orphelins.

Que sa postérité soit retranchée ; que dans la génération suivante leur nom soit effacé.

Que l'iniquité de ses pères revienne en mémoire au SEIGNEUR, et que le péché de sa mère ne soit pas effacé ;

Qu'ils soient devant le SEIGNEUR continuellement, et qu'Il retranche leur mémoire de la terre.

Parce qu'il ne s'est pas souvenu d'user de miséricorde, mais qu'il a persécuté le pauvre et le malheureux, et qu'il a même tué l'homme au cœur brisé.

Puisqu'il a aimé la malédiction, qu'elle tombe sur lui ; comme la bénédiction lui a plu, qu'elle s'éloigne de lui.

Comme il s'est revêtu de malédiction comme d'un vêtement ; qu'elle entre dans ses entrailles comme de l'eau, et dans ses os comme de l'huile.

Qu'elle soit comme le vêtement qui le couvre, comme une ceinture avec laquelle il est ceint continuellement.

QUE CE SOIT LA RÉCOMPENSE DU SEIGNEUR, POUR MES ACCUSATEURS, ET DE CEUX QUI DISENT DU MAL CONTRE MON ÂME.

Psaume 109 : 1-20

On n'a jamais fini d'écrire beaucoup de livres. Que ce livre bénisse votre ministère. Amen.

Les livres de
Dag Heward-Mills

1. Loyauté et déloyauté
2. Loyauté et déloyauté - Ceux qui vous accuse
3. Loyauté et déloyauté - Ceux qui sont des fils dangereux
4. Loyauté et déloyauté - Ceux qui sont ignorant
5. Loyauté et déloyauté - Ceux qui oublient
6. Loyauté et déloyauté - Ceux qui vous quittent
7. Loyauté et déloyauté - Ceux qui prétendent
8. La croissance de l'Eglise
9. L'implantation de l'Eglise
10. La méga église (2ème Edition)
11. Recevoir l'onction
12. Etapes menant à l'onction
13. Les douces influences de l'onction
14. Amplifiez votre ministère par les miracles et les manifestations du Saint Esprit
15. Transformer votre ministère pastoral
16. L'art d'être berger
17. L'art de leadership (3ème Edition)
18. L'art de suivre
19. L'art de ministère
20. L'art d'entendre (2ème Edition)
21. Perdre, Souffrir, Sacrifier et Mourir
22. Ce que signifie devenir berger
23. Les dix principales erreurs que font les pasteurs
24. Car on donnera à celui qui a et à celui qui n'a pas on ôtera même ce qu'il a
25. Pourquoi les chrétiens qui ne paient pas la dime deviennent pauvres et comment les chrétiens qui paient la dime peuvent devenir riches.
26. La puissance du sang
27. Anagkazo
28. Dites-leur
29. Comment naître de nouveau et éviter l'enfer
30. Nombreux sont appelés
31. Dangers spirituels
32. La Rétrogradation
33. Nommez-le! Réclamez-le ! Prenez-le !
34. Les démons et comment les affronter
35. Comment prier
36. Formule pour l'humilité
37. Ma fille, tu peux y arriver
38. Comprendre le temps de recueillement
39. Ethique ministérielle (2ème Edition)
40. Laikos

www.ingramcontent.com/pod-product-compliance
Lightning Source LLC
LaVergne TN
LVHW020644100826
845148LV00012B/2322

* 9 7 8 9 9 8 8 8 5 0 2 5 8 *